奥薗壽子の

ラクうま

毎日食べたい豆腐レシピ62

東院日東書院

# はじめに

子供の頃から、大の豆腐好きです。毎日手を変え品を変え、豆腐料理を楽しんでいます。そんな私の豆腐レシピを一冊にまとめたのがこの本です。

**私が豆腐を料理するときに大事に思っていることは4つあります。**

1つめは、水切りなどの手間がなく、思い立ったら**すぐに作れる**こと。

豆腐のよさの一つは、すぐに食べられることだと思うので、時間をかけて水切りしなければならないとなると、そのよさが半減すると思うのです。その代わり、豆腐の水分を乾物で吸わせたり、キッチンペーパーを使ったり、短時間で水分を調整する工夫をしました。

2つめは、できる限り**少ない材料**で作れること。

豆腐だけで作れるメニュー、豆腐と有り合わせ食材で作れるメニューは、実際私自身がとっても重宝しています。後もう一品というとき、今日は軽く済ませようという時、役に立つこと間違いありません。

3つめは、**味つけをシンプル**にすること。

豆腐料理は毎日繰り返し食べたいと思っています。だから、味つけはごくシンプルな調味料で、シンプルに味つけするほうが、豆腐自身のおいしさも味わえるし、繰り返し作っても飽きることがありません。

4つめは、**手をかけすぎない**こと。

豆腐は加熱しすぎると水分が失われ食感も悪くなります。手をかけすぎれば、せっかくの豆腐のおいしさがわからなくなってしまいます。豆腐がおいしいと思えるように料理するには、最小限の手間で、最小限の加熱しかしないこと。これが一番なのです。

奥薗流の豆腐料理のコツをわかってもらえたら、後はとにかく豆腐料理を作ってみてください。奥薗流のポイントさえ抑えれば、あっけないほど簡単にできるのに、いつもの豆腐料理がワンランク上のおいしさになること間違いありません。使う豆腐はスーパーで手に入るもので充分ですよ。もしも自分好みの豆腐があれば是非それを。

さてさてあなたの今日の気分は木綿ですか？　それとも絹ごしですか？

奥薗壽子

# 目次

## 1章 定番豆腐 レシピ

## 2章 豆腐+肉・魚 のおかずレシピ

## 3章 豆腐+野菜 のおかずレシピ

## 豆腐の ミニ講座

## ④章 豆腐だけで作る
お手軽おかずレシピ

## ⑤章 豆腐+麺・ごはん
のレシピ

## ⑥章 豆腐+スープ
のおかずレシピ

## ⑦章 豆腐+スイーツ
のレシピ

## 其の1
### 飽きのこない おいしさ
味にクセがないので、毎日食べてもあきません。それぞれの豆腐にそれぞれの味わいがあり、豆腐の種類を変えるとまた新たなおいしさを味わえるのも魅力です。

## 其の2
### 植物性の 高たんぱく質食品
豆腐は良質のたんぱく質食品。しかも植物性。肉や魚などの動物性食品の一部を豆腐に代えたり、卵に豆腐をプラスするだけで、栄養バランスがぐんとよくなります。

## 其の3
### 低カロリー
豆腐1/2丁で100kcal前後。毎日の献立にうまく取り入れることで、料理のボリュームを減らすことなくカロリーを抑えることができます。

## 其の4
### 身体にうれしい 栄養素がたっぷり
女性にうれしいイソフラボンをはじめ、身体にうれしい栄養素がたっぷり。詳しくは豆腐のミニ講座4（P76）をご覧ください。

## 其の5
### 低価格で買いやすい
スーパーで特売になることも多く、家計にとって強い味方です。年中価格が安定していて国産大豆などの、こだわった豆腐でも高価になり過ぎないのも嬉しいポイント。またコンビニでも手に入るので、仕事帰りでも気楽に買えるのもいいところです。

# 豆腐のミニ講座1
# 豆腐のここ

## 其の6
### 調理法も自由自在
「焼く・煮る・揚げる・蒸す」とあらゆる調理法が可能です。しかも合わせる食材は肉でも魚でも野菜でも、何でも合います。豆腐はレパートリーのバリエーションを無限に広げてくれます。

## 其の8
### どんな味つけも OK

豆腐というと、和風か中華のイメージがありますが、味にクセがないので、ケチャップやカレー粉、ソースといった洋風の調味料ともすごく相性がいいのです。

## 其の9
### 料理が簡単

封を開けただけですぐに食べられるすぐれもの。味つけもとりあえず醤油さえあればOK。電子レンジで温めるだけ、味噌汁に入れるだけでも、すごくおいしい。まさに究極のファーストフードといえます。

## 其の10
### 消化がいい

胃に負担をかけず消化吸収されるので、ちょっと具合の悪いとき、食欲のないときでもさらっと食べられます。

これを知れば、もっともっと豆腐が好きになり、もっともっと豆腐を食べたくなる!!
そんな豆腐のすごいところをまとめてみました。

# がすごい！

## 其の7
### どんな食材にも合う

味にクセがないので、肉、魚、卵などはもちろん、野菜との相性もばっちりです。それぞれの持ち味を引き出し、組み合わせる食材をより一層おいしくしてくれます。

## 其の11
### やわらかい食感

やわらかいので、子供から年配の方まで、誰でもおいしく食べられるのが豆腐。特に噛む力のない幼児や高齢者にはおすすめです。

7

## 本書の使い方

- 大さじは15ccの計量スプーン、小さじは5ccの計量スプーンを表します。
- 1カップは200ccの計量カップ1杯分を表します。
- 電子レンジでの加熱時間は家庭用電子レンジ（600w）を基準としています。メーカーや機種により若干の違いがあるため、加減を見ながらの調理をお願いします。
- 本書では1丁300gの豆腐を使いました。各料理は作りやすい分量で紹介していますので、何人分というのは、あくまで目安と考えてください。
- 水溶き片栗粉は、片栗粉を同量の水で溶いたものです。各家庭の火加減や豆腐の種類によって入れる量が違ってくるので、材料表に水溶き片栗粉の分量は記載していません。様子を見ながら入れてください。

## 本書で使用する水切り方法

　豆腐は約90％近くが水分です。けれど、豆腐のおいしさは、そこに含まれる水のおいしさでもあります。冷やっこや湯豆腐を作るときに豆腐の水切りをしないことからもわかるように、豆腐はある程度水分を残して調理したほうがおいしいと私は思います。また、豆腐に含まれる水分は、豆腐のうま味や栄養分も含んでいるわけですから、水切りをしてそれらを捨ててしまうのはもったいないとさえ思っているのです。そこでこの本では、水切り不要のレシピをたくさん紹介しました。水切りが必要な場合でも最小限に抑え、あるいは豆腐の水分を他のものに吸わせてしまうことで、豆腐の水分を丸ごと全部食べられるような工夫を行なっています。

### ● キッチンペーパーにのせる

　豆腐をキッチンペーパーにのせるだけで水分を軽く切ることができます。その場合、大きいままのせるよりも切ってのせたほうが、切ってのせるよりくずしてのせたほうが、下に落ちる水分が多くなります。のせる時間はせいぜい5分程度で。

### ● キッチンペーパーに包む

　豆腐をキッチンペーパーで包むと、ただのせただけのときより、さらに水分を切ることができます。この場合も切ったり、手でくずしたりしてから包んだほうが、より水分を切ることができます。包む時間はせいぜい5～10分程度。

### ● 乾物に水分を吸わせる

　くずした豆腐に、麩やカットわかめなどの乾物を混ぜて、水分を吸わせます。豆腐は水分が抜け、乾物は豆腐の水分を吸って戻るので、ムダがありません。この方法を使えば、がんもどきや豆腐ハンバーグのように、豆腐の水切りに時間がかかっていた料理も、思い立ったらすぐに作れます。

### ● 電子レンジにかける

　電子レンジで加熱して水分を抜く方法もあります。まず、耐熱容器にキッチンペーパーを広げ、豆腐を手でくずしてのせたら、ラップをせずに電子レンジにかけます。豆腐100gにつき2分が目安（600Wの場合）。キッチンペーパーを変えてさらに5分ほど自然に水分を吸わせることで、しっかり水を切ることができます。

# 1章

## 定番豆腐レシピ

# マーボー豆腐

マーボー豆腐のレシピはいろいろありますが、家庭のマーボーは思い立ったらすぐに作れるくらい簡単なのがうれしいと思うのです。だから本格的な中華調味料を使わないシンプルなレシピにしました。ひき肉を炒めた後に豆腐を入れ、ふたをして蒸し焼きにするのがコツ。水分が上手に抜けるので、豆腐のおいしさが引き立ちます。

## 使用する豆腐

木綿・絹ごしどちらでも

## 豆腐の水切り

2〜3cm角に切って、5分ほどキッチンペーパーにのせておく。

## 材料（2〜3人分）

| | | |
|---|---|---|
| A | 豚ひき肉 | 200g |
| | 塩 | 小さじ1/4 |
| | にんにく(すりおろし) | 1かけ |
| | しょうが(すりおろし) | 1かけ |
| | 豆板醤 | 小さじ1/2〜1 |
| B | 水 | 100cc |
| | オイスターソース | 大さじ2 |
| | 醤油 | 小さじ1 |
| | 片栗粉 | 小さじ1 |
| | 豆腐(2〜3cm角) | 1丁(300g) |
| | 長ねぎ(みじん切り) | 1本 |
| | ごま油 | 適宜 |

## 作り方

❶ Bを混ぜ合わせておく。

❷ フライパンにAを入れてよく混ぜ、木べらで混ぜながら火にかける。

❸ ひき肉に火が通ったら豆腐を入れ、ふたをして3分ほど蒸し焼きにする。

❹ Bを入れて全体に混ぜる。

❺ 長ねぎを混ぜ、ごま油を回しかけたら完成。

## Point

ひき肉が生の間に調味料を混ぜると、ひき肉がふっくらジューシーに仕上がります。

# 肉豆腐 ·····························

肉豆腐をおいしく作るコツは、肉にしっかり下味をつけること、水を加えず豆腐と野菜の水分だけで煮ること、短時間で一気に加熱すること、の3つ。このやり方だと、肉はしっかり味がしみてやわらかく、豆腐はおいしい食感を残しつつ、ちょっと濃いめの味がいい感じにからみます。豆腐は中まで味がしみていませんが、表面に味をからませることで、物足りなさはありません。むしろ豆腐らしい味も楽しめて、極上の肉豆腐に仕上がります。

## 使用する豆腐

木綿・絹ごしどちらでも

## 豆腐の水切り

特になし

## 材料（2〜3人分）

|  |  |  |
| --- | --- | --- |
| Ⓐ | 牛薄切り（一口大） | 200g |
|  | 醤油 | 大さじ1 |
|  | はちみつ | 大さじ1 |
| ごま油 |  | 大さじ1 |
| 長ねぎ（斜め薄切り） |  | 1本 |
| 豆腐（食べやすい大きさ） |  | 1丁（300g） |
| Ⓑ | 醤油 | 大さじ2 |
|  | みりん | 大さじ2 |
|  | 酒 | 大さじ2 |
|  | 砂糖 | 大さじ1 |

※牛薄切りは、切り落としやこま切れでもOK

## 作り方

❶ Ⓐの牛肉は食べやすく切り、醤油とはちみつをもみこむ。

❷ フライパンにごま油を入れて牛肉を炒める。

❸ 牛肉の色が変わったら、長ねぎを入れてさっと炒め、その上に豆腐を並べ、Ⓑを入れてふたをし、弱火で煮る。

❹ 5分くらいして豆腐が熱くなり、長ねぎがくたっとなったら大きく混ぜ、全体に味がなじんだらできあがり。

## Point ·····························

豆腐を入れたら、上から調味料をかけ、ふたをして蒸し煮にします。ぴったり閉まるふたを使うのがコツ。

# キムチ肉豆腐 ......................

キムチと一緒に豆腐を煮るのもおいしいものです。この場合も、肉にしっかりした味をつけておくと、肉がしっとりおいしく仕上がります。キムチは最初から煮込んでもいいのですが、最後に入れてさっと加熱すると、フレッシュなキムチの香りや歯ごたえが残り、さっぱりとした味に仕上がります。キムチの酸味が足りないときは、最後に酢を大さじ1程度回し入れると、うま味がぐんとアップします。

## 使用する豆腐

木綿・絹ごしどちらでも

## 豆腐の水切り

特になし

## 材料（2～3人分）

| | | |
|---|---|---|
| (A) ┌ 豚バラ肉（一口大）・・・・・・・・・・・・・・ | 150g |
| └ 塩・・・・・・・・・・・・・・・・・・・・・・・・・ | 小さじ1/2 |
| 玉ねぎ（1cm幅）・・・・・・・・・・・・・・・ | 1個 |
| にんにく（すりおろし）・・・・・・・・・・ | 1かけ |
| しょうが（すりおろし）・・・・・・・・・・ | 1かけ |
| 豆腐（食べやすい大きさ）・・・・・ | 1丁（300g） |
| 醤油・・・・・・・・・・・・・・・・・・・・・・・・・・ | 大さじ2 |
| みりん・・・・・・・・・・・・・・・・・・・・・・・・ | 大さじ2 |
| 白菜キムチ・・・・・・・・・・・・・・・・・・・・ | 200g |
| ニラ（ざく切り）・・・・・・・・・・・・・・・・ | 1束 |

## 作り方

❶ (A)の豚肉は塩をもみこみ、冷たいフライパンに入れ、徐々に温度を上げながら炒める。

❷ 豚肉から脂が出てきたら、玉ねぎを入れて炒め、にんにく、しょうがをすりおろしながら入れる。

❸ 豆腐と醤油、みりんを入れて軽く混ぜ、ふたをして弱火で蒸し煮にする。

❹ 玉ねぎに火が通ったら白菜キムチを入れ、全体に味がなじんだら味をみて、味が足りないようなら醤油で味を調える（分量外）。

❺ 最後にニラを入れ、一混ぜしてできあがり。

# 豆腐えびチリ ……………………………………………

ぴりりと辛いチリソースと豆腐の相性は抜群。えびだけで作るよりも、豆腐を入れたほうが、我が家では人気があります。えびはできればむきえびで はなく、殻つきのものを使ってください。自分でむいて使ったほうが断然おいしくできます。

## 使用する豆腐

木綿・絹ごしどちらでも

## 豆腐の水切り

特になし

## 材料（2〜3人分）

|   |  |  |
|---|---|---|
| Ⓐ | ケチャップ …………………… | 大さじ4 |
|  | 豆板醤 ………………………… | 小さじ1 |
|  | にんにく（すりおろす）……… | 1かけ |
|  | しょうが（すりおろす）……… | 1かけ |
| Ⓑ | 水 ……………………………… | 1カップ |
|  | 醤油 …………………………… | 大さじ1 |
|  | 砂糖 …………………………… | 大さじ1 |
| Ⓒ | えび …………………………… | 10尾（200g） |
|  | 片栗粉 ………………………… | 大さじ2 |
| 豆腐（食べやすい大きさ）…… | | 1丁（300g） |
| 長ねぎ（みじん切り）……………… | | 1/2本 |
| 水溶き片栗粉 ……………………… | | 適宜 |

## 作り方

❶ Ⓒのえびは殻と尾を取り、横半分に切って背わたをとり、分量の片栗粉をまぶす。

❷ フライパンにⒶを入れ、炒める。

❸ ねっとりした感じになったらⒷを入れ、沸騰したら❶のえびと豆腐を入れ、ふたをして弱火で5分ほど煮る。

❹ えびに火が通ったら、全体に混ぜ、とろみが足りないようなら水溶き片栗粉でとろみを足す。

❺ 最後に長ねぎを入れてできあがり。

# 豆腐ステーキトマトじゃこソース…

豆腐をしっかり食べたい時におすすめなのが、豆腐ステーキ。こんがり焼くことでコクがアップし、ちりめんじゃこやトマトの入ったソースでうまみも大幅にアップ。豆腐だけでも満足できる一品になります。

## 使用する豆腐

木綿豆腐

## 豆腐の水切り

食べやすく切って、キッチンペーパーに5分ほどのせておく。

## 材料（2〜3人分）

| | | |
|---|---|---|
| Ⓐ | 木綿豆腐 ……………………… | 1丁(300g) |
| | 小麦粉 …………………………… | 適宜 |
| Ⓑ | ちりめんじゃこ ……………… | 20g |
| | しょうが（すりおろし）…… | 1かけ |
| Ⓒ | 醤油 ……………………………… | 大さじ1 |
| | みりん ………………………… | 大さじ1 |
| | ミニトマト ……………………… | 1/2パック |
| | 青しそ…………………………… | 適宜 |
| | オリーブオイル ………………… | 適宜 |

## 作り方

❶ 水切りをして食べやすくカットした豆腐に小麦粉をまぶす。

❷ フライパンを熱してオリーブオイルを入れ、豆腐が全面に、おいしそうな焼き色がついたら取り出す。

❸ 空いたフライパンにオリーブオイルを足しⒷを入れて炒める。

❹ いい香りがしたら、ミニトマトも入れてさっと炒めてから、Ⓒを入れる。

❺ 一煮立ちしたら、取り出しておいた豆腐にかけ、青しそをのせて完成。

## Point

豆腐に小麦粉をまぶして焼くことにより、香ばしく焼きあがります。

# 豆腐のきのこあんかけ ………………

豆腐のつるんとした食感と、きのこの食感がよく合います。ポン酢しょうゆに柚子胡椒をプラスすることで、パンチのある味になります。きのこはしめじ以外に、まいたけや、えのき、しいたけなどでも大丈夫です。

## 使用する豆腐

木綿豆腐

## 豆腐の水切り

食べやすく切って、キッチンペーパーに5分ほどのせておく。

## 材料（2〜3人分）

| | | |
|---|---|---|
| Ⓐ | 木綿豆腐 …………………… | 1丁(300g) |
| | 小麦粉 ………………………… | 適宜 |
| Ⓑ | 水 ……………………………… | 50cc |
| | ポン酢しょうゆ ………………… | 大さじ3 |
| | みりん ………………………… | 大さじ1 |
| | 片栗粉 ………………………… | 小さじ1 |
| | 柚子胡椒 ……………………… | 小さじ1/2 |
| | しめじ ………………………… | 1パック |
| | かつお節 ……………………… | 1パック(4g) |
| | ごま油 ………………………… | 大さじ1 |
| | 青ネギ ………………………… | 適宜 |

## 作り方

❶ 水切りをして食べやすくカットした豆腐に小麦粉をまぶす。

❷ Ⓑを混ぜる。

❸ フライパンを熱してごま油を入れ、豆腐を全面こんがりと焼く。

❹ しめじを入れ、ふたをして蒸し焼きにする。

❺ 豆腐だけを器に取り出す。

❻ 残った、しめじにかつお節を混ぜてからⒷを入れて全体的に混ぜる。

❻ 豆腐の上にかけて、青ネギを散らし完成。

## Point

豆腐に小麦粉をまぶして焼くことで、コクがアップし、あんがよくからみます。

# 豆腐グラタン

豆腐と乳製品は良く合います。豆腐の上にかかっている、ホワイトソースは、牛乳と片栗粉を混ぜるだけなので、簡単です。ホワイトソースの中にもチーズを混ぜることで、コクがアップします。

## 使用する豆腐

木綿・絹ごしどちらでも

## 豆腐の水切り

食べやすく切って、キッチンペーパーに5分ほどのせておく。

## 材料（2〜3人分）

Ⓐ ┌ 豆腐（8等分） ……………… 1丁（300g）
　 └ 小麦粉 ……………………… 適宜
　　 オリーブオイル ……………… 適宜
Ⓑ ┌ ベーコン（短冊）……… 2〜3枚（50g）
　 ├ 玉ねぎ（薄切り）…………… 1/2個
　 └ 塩 ……………………… 小さじ1/4
Ⓒ ┌ 牛乳 ………………………… 1カップ
　 └ 片栗粉 …………………… 大さじ1/2
　　 ピザ用チーズ ……………… 適宜
　　 ケチャップ ………………… 適宜
　　 パセリ ……………………… 適宜

## 作り方

❶ 水切りをして食べやすくカットした豆腐に小麦粉をまぶす。

❷ Ⓒを混ぜる。

❸ フライパンを熱してオリーブオイルを入れ、豆腐が全面こんがりと焼けたら耐熱容器に取り出し、ケチャップをかける。

❹ 空いたフライパンにオリーブオイルを足しⒷを入れて炒め、玉ねぎがしんなりしたら、混ぜておいたⒸを入れる。

❺ ❹にピザ用チーズの一部を入れて混ぜ、❸の上にかけ、更にピザ用チーズをかける。

❻ オーブントースターで焼き、良い焼き色がついたら取り出し、パセリを振って完成。

## Point

こんがり焼いた豆腐の上にケチャップをかけておくことで、味にメリハリがついて、パンチのきいた味になります。

# 和風豆腐のグラタン ······················

ホワイトソースの代わりに長芋を使い、電子レンジで仕上げました。オーブントースターで焼くよりも、モッチリとろとろに仕上がります。

くずした豆腐にとろろ昆布を混ぜておくことで、水っぽくなるのを防げます。チーズとめんつゆの組み合わせが、意外によく合います。

## 使用する豆腐

絹ごし豆腐

## 豆腐の水切り

特になし

## 材料（器2個分）

| | |
|---|---|
| 絹ごし豆腐 ····················· | 1丁(300g) |
| とろろ昆布 ····················· | 適宜 |
| 長芋（皮をむきたたく） ················· | 200g |
| ピザ用チーズ ····················· | 適宜 |
| めんつゆ（2倍希釈） ················· | 適宜 |

## 作り方

❶ 器に手でくずした豆腐ととろろ昆布を入れ、軽く混ぜておく。

❷ 長芋は皮をむき、ポリ袋に入れて、袋の上から麺棒でたたき、口を縛って袋の角を切り豆腐の上にしぼり出す。

❸ ピザ用チーズをかける。

❹ ラップをして、器1個につき3分電子レンジにかける。

❺ ラップをはがし、めんつゆをかけてできあがり。

## Point ·······································

とろろ昆布はあらかじめキッチンバサミで短く切ってから豆腐にかけると、食べやすく、豆腐にもからみやすくなります。

# 豆腐ハンバーグ

ひき肉に豆腐を加える場合、普通は豆腐はしっかり水切りする必要があります。そうでないと焼いている途中で水が出て、ぼろぼろとくずれてきたりするわけです。けれど奥薗流は、豆腐に砕いた麩を加え、麩に水分を吸わせてしまうので、面倒な水切りは一切不要。しかも、麩のおかげでふんわり滑らかな仕上がりになるんです。ここでは大根おろしとポン酢で仕上げましたが、洋風のソースもよく合います。

## 使用する豆腐

木綿豆腐

## 材料（2〜3人分）

- (A)
  - 木綿豆腐 ‥‥‥‥‥‥‥‥‥ 1丁（300g）
  - 麩（手で砕く）‥‥‥‥‥‥‥‥ 20g
- (B)
  - 豚ひき肉 ‥‥‥‥‥‥‥‥‥‥ 200g
  - 卵 ‥‥‥‥‥‥‥‥‥‥‥‥‥ 1個
  - 片栗粉 ‥‥‥‥‥‥‥‥‥‥ 大さじ2
  - 醤油 ‥‥‥‥‥‥‥‥‥‥‥ 大さじ1
  - 塩 ‥‥‥‥‥‥‥‥‥‥‥ 小さじ1/2
  - 青ねぎ（小口切り）‥‥‥‥‥‥ 1/2束
- ごま油 ‥‥‥‥‥‥‥‥‥‥‥ 大さじ1
- 大根おろし ‥‥‥‥‥‥‥‥‥‥‥ 適宜
- ポン酢醤油 ‥‥‥‥‥‥‥‥‥‥‥ 適宜

## 豆腐の水切り

特になし

## 作り方

❶ Ⓐの豆腐をポリ袋に入れ、袋の上からくずし、砕いた麩を混ぜて豆腐の水分を吸わせる。

❷ ❶にⒷを入れてよく混ぜる。

❸ 袋を切って開き、その上で食べやすい大きさに丸める。

❹ ごま油を引いたフライパンで両面こんがりと焼いたらふたをして、5〜10分ほど蒸し焼きにする。

❺ 中まで火が通ったら皿に出し、大根おろしをのせ、ポン酢醤油をかける。

## Point

ポリ袋の中に豆腐を入れ、袋の上からもんでくずしたところに、砕いた麩を入れます。麩の量は途中豆腐と混ぜながら加減してください。目安は、手で丸められるくらいのかたさです。

# 豆腐つくね ··········································

豆腐の水分を麸に吸わせると、卵を加えなくてもふんわりした食感に仕上がるんです。ひき肉の種類は何でも大丈夫ですが、鶏ひき肉を使うと特にあっさり仕上がります。ここでは焼いてつくねにしましたが、そのままスプーンですくってスープに入れたり、鍋物の具にしたり、油で揚げて甘酢あんをかけたりと、アイデア次第でいろいろに使えます。

## 使用する豆腐

木綿豆腐

## 豆腐の水切り

特になし

## 材料（2～3人分）

Ⓐ ┌ 木綿豆腐 ······························· 1丁(300g)
　 └ 麸(手で砕く) ··························· 20g

Ⓑ ┌ 鶏ひき肉 ······························· 200g
　 │ 片栗粉 ································· 大さじ2
　 │ 塩 ··································· 小さじ1/2
　 └ しょうが(すりおろし) ··········· 1かけ

ごま油 ···································· 大さじ1

Ⓒ ┌ 醤油 ································· 大さじ2
　 └ みりん ······························· 大さじ2

粉山椒または七味唐辛子 ··········· 好みで

## 作 り 方

❶ Ⓐの豆腐をポリ袋に入れてくずし、砕いた麸を混ぜて水分を吸わせる。

❷ ❶にⒷを入れてよく混ぜたら袋の口を縛り、角を切る。

❸ フライパンにごま油を入れて火にかけ、❷を食べやすい大きさにしぼりながら入れる。

❹ 両面こんがりと焼いたら、ふたをして5分ほど蒸し焼きにする。

❺ Ⓒを入れ、全体にからめたらできあがり。好みで粉山椒や七味唐辛子をかける。

## ···· Point ····

ポリ袋の中で材料を混ぜたら、袋の口を縛り、角を切ってしぼり出します。このときしぼり出した肉ダネをいったん手のひらに受け、軽く握ってフライパンに入れると、形よく仕上がります。

# がんもどき ......................................

水切りに時間がかかるがんもどきも、砕いた麩に水分を吸わせてしまえば、あっけないくらい簡単に作れます。丸めてから小麦粉をまぶすことで、揚げたときにかりっと香ばしくなります。揚げ焼きにするとき、下にした面がきつね色になるまで触らずに待ってひっくり返すのがコツ。

## 使用する豆腐

木綿豆腐

## 豆腐の水切り

食べやすく切って5分ほどキッチンペーパーに包む。

## 材料（2〜3人分）

| | | |
|---|---|---|
| ⓐ | 木綿豆腐 ………… | 1丁（300g） |
| | 麩（砕く） ………… | 30g |
| | 片栗粉 ………… | 大さじ1〜2 |
| | 黒ごま ………… | 大さじ3 |
| | 塩 ………… | 少々 |

小麦粉 ………… 適宜
サラダ油 ………… 適宜
しょうが（すりおろし）、醤油 … 好みで

## 作り方

❶ ⓐの豆腐をポリ袋に入れてつぶし、砕いた麩を入れて水分を吸わせる。

❷ ⓐの片栗粉、黒ごま、塩を入れてさらに混ぜる。

❸ 袋を切って広げ、その上で食べやすい大きさに丸めたら、表面に小麦粉をまぶす。

❹ フライパンにサラダ油を1cmほど入れ、揚げ焼きにする。

❺ 両面おいしそうな揚げ色がついたらできあがり。しょうがのすりおろしと醤油を混ぜたものを好みでかける。

# ハムとコーンの洋風がんも …………

がんもどきの具としてコーンが意外に合うのです。冷凍コーンなら凍ったまま混ぜてOK。缶詰のコーンなら、表面の水分を軽くキッチンペーパーで拭いてから入れてください。食べるときはケチャップがよく合います。

## 使用する豆腐

木綿豆腐

## 材料（2〜3人分）

A
- 木綿豆腐 …………… 1丁（300g）
- 麩（砕く）……………………20g
- 片栗粉 …………… 大さじ1〜2

B
- ハム（1cm角）……… 4〜5枚
- コーン ………… 100gくらい
- 塩………………………少々

小麦粉……………………………適宜
サラダ油…………………………適宜
ケチャップ …………………好みで

## 豆腐の水切り

食べやすく切って5分ほどキッチンペーパーに包む。

## 作り方

① Aの豆腐をポリ袋に入れてつぶし、砕いた麩を入れて水分を吸わせ、片栗粉も混ぜる。

② Bのコーンの水分を拭き、ハム、塩と一緒に①に混ぜる。

③ 袋を切って広げ、その上で食べやすい大きさに丸めたら、表面に小麦粉をまぶす。

④ フライパンにサラダ油を1cmほど入れ、揚げ焼きにする。

⑤ 両面おいしそうな揚げ色がついたらできあがり。好みでケチャップをつけても。

# 豆腐とアサリのピリ辛うま煮 ……

シーフードを使った中華風うま煮もおいしいもの。アサリとオイスターソースのダブルのうま味が、淡白な豆腐のおいしさを引き立てます。豆腐は中まで熱くなったらOK。加熱し過ぎないのがおいしさのコツ。アサリのうまみの溶け出したおいしいスープに、片栗粉入りの合わせ調味料を入れることでアサリのうまみを上手く豆腐に絡めることができます。

## 使用する豆腐

木綿・絹ごしどちらでも

## 材料（2〜3人分）

| | | |
|---|---|---|
| (A) 水 | …………………… | 100CC |
| 片栗粉 | …………………… | 大さじ1/2 |
| オイスターソース | ………… | 大さじ1 |
| 醤油 | …………………… | 小さじ1 |
| アサリ | …………………… | 1パック(200g) |
| 豆腐(食べやすい大きさ) | …… | 1丁(300g) |
| にんにく(粗みじん切り) | ……… | 1かけ |
| 赤唐辛子 | | 適宜 |
| ニラ(ザク切り) | …………………… | 1束 |
| ゴマ油またはラー油 | ………………… | 適宜 |

## 豆腐の水切り

特になし

## 作り方

❶ アサリは塩水につけて砂を吐かせた後、殻と殻をこすり合わせて洗っておく。

❷ (A)を混ぜる。

❸ フライパンを熱してごま油とニンニクを入れ、いい香りがしたらアサリを入れてさっと炒め、豆腐と赤唐辛子を入れ、ふたをして蒸し焼きにする。

❹ アサリの口が全部開いたら、ニラを入れてひと混ぜし、(A)を入れ混ぜながら加熱する。

❺ とろみがついたら器に盛り完成。

❻ 好みで、ゴマ油またはラー油をかける。

## Point

アサリと豆腐を一緒に蒸し焼きにすることで、豆腐の水分が上手く抜け、おいしさがアップします。

# ゴーヤチャンプルー

肉と野菜と豆腐を炒めて味をつける。それだと豆腐が水っぽくなって、味が決まらないことありませんか？　しっかり肉に味をつけること。ゴーヤだけを先に炒めて取り出すこと。豆腐と野菜には味をつけないで、食べるときにたれをかけて食べること。奥薗流のポイントを押さえれば間違いなくおいしく仕上がります。

## 使用する豆腐

木綿豆腐

## 豆腐の水切り

食べやすく切って、5分ほどキッチンペーパーにのせておく。

## 材料（2〜3人分）

| | | |
|---|---|---|
| ゴーヤ（5mm厚さ） | …………… | 1本 |
| Ⓐ 豚薄切り（一口大） | …………… | 150g |
| 醤油 | …………… | 大さじ1 |
| 片栗粉 | …………… | 小さじ1 |
| ごま油 | …………… | 大さじ2 |
| かつお節 | …………… | 1パック（5g） |
| 木綿豆腐（食べやすい大きさ） | … | 1丁（300g） |
| Ⓑ 酢 | …………… | 大さじ2 |
| 塩 | …………… | 小さじ1/2 |
| 赤唐辛子（小口切り） | …………… | 1本 |
| ごま油 | …………… | 大さじ1 |

## 作り方

❶ ゴーヤはへたを落として縦半分に切り、ワタをスプーンでかき出したら、5mmくらいの厚さに切る。

❷ Ⓐの豚肉は醤油と片栗粉をもみこむ。

❸ フライパンにごま油の半量を入れてゴーヤを炒め、全体がきれいな緑色になったら、かつお節を混ぜて一度取り出す

❹ あいたフライパンに残りのごま油を入れて❷の豚肉を炒める。

❺ 豚肉においしそうな焼き色がついたら、豆腐も入れて炒め、豆腐が熱くなったらゴーヤを戻し入れ、全体を混ぜて器に出す。

❻ 食べるときにⒷを合わせたたれを好みでかける。

## Point

塩ベースのすっぱくて辛いたれです。ゴーヤチャンプルーだけでなく、いろんな野菜のチャンプルーにも合うので、かけてみてください。冷蔵庫に入れておけば長期保存もOK。

# もやしチャンプルー

もやしチャンプルーのおいしさは、豆腐の歯ごたえと、しゃきしゃきしたもやしの食感の妙。けれど、もやしをしゃきっと仕上げるのが難しいですよね。そこで、もやしをあらかじめ電子レンジにかけて熱くしておき、最後にさっと混ぜ合わせる方法を考えました。これなら、誰でも失敗なくしゃきしゃきのもやしチャンプルーを作ることができます。食べるときにたれをかけて味を調える、これも大事なコツです。

## 使用する豆腐

木綿豆腐

## 材料（2〜3人分）

|   |   |   |
|---|---|---|
| A | 醤油 …………………… | 大さじ2 |
|   | 酢 ……………………… | 大さじ2 |
|   | ごま油 ………………… | 大さじ1 |
|   | みりん ………………… | 大さじ1 |
|   | すりごま ……………… | 大さじ1 |
| もやし ……………………………… | | 1袋 |
| ごま油 ……………………………… | | 大さじ1 |
| ベーコン（細切り）……………… | | 4枚 |
| 木綿豆腐（手でくずす）……… | | 1丁（300g） |
| かつお節 ………………………… | | 1パック |

## 豆腐の水切り

手でくずして5分ほどキッチンペーパーにのせておく。

## 作り方

❶ Ⓐを混ぜてたれを作る。

❷ もやしは耐熱容器に入れ、ラップをせずに2分電子レンジにかける。

❸ フライパンにごま油を入れベーコンを炒め、いい香りがしてきたら豆腐も入れて炒める。

❹ ❷のもやしを入れてさっと混ぜ、かつお節も混ぜて器に出す。

❺ 食べるときに好みで❶のたれをかける。

## Point

さっと洗ったもやしは耐熱容器に入れ、ラップをせずに電子レンジにかけます。100gあたり1分が目安です。

# 豆腐なめこ丼 ·····································

豆腐となめこ、似ているようで違うつるんとした食感が、口の中で混ざっていくのが楽しくて、おいしい丼になります。オイスターソースの濃厚なうまみが、淡白な豆腐となめこの味をより一層引き立ててくれます。

## 使用する豆腐

木綿・絹　どちらでも

## 豆腐の水切り

特になし

## 材料（2〜3人分）

| | | |
|---|---|---|
| Ⓐ | 豆腐 ································ | 1丁(300g) |
| | なめこ ······························ | 1袋 |
| Ⓑ | 水 ································ | 100cc |
| | オイスターソース ·········· | 大さじ2 |
| | 片栗粉 ······················ | 小さじ1 |
| | しょうが（すりおろし） ··· | 1〜2かけ |
| 醤油 ································ | | 大さじ1/2 |
| ごま油 ······························ | | 適宜 |
| 青ネギ（小口） ···················· | | 適宜 |
| ラー油 ······························ | | 好みで |
| ごはん（温かいもの） ··········· | | 茶碗2杯分 |

## 作 り 方

❶ Ⓐをフライパンに入れ、ふたをして3〜5分ほど火にかける。

❷ Ⓑを混ぜておく。

❸ ❶に❷を入れて混ぜ、最後に醤油とごま油を回しかける。

❹ ごはんの上にかけて青ネギを散らし完成。

❺ 好みで、ラー油をかける。

## Point ·····································

豆腐となめこをフライパンに入れ、豆腐の水分で蒸し煮にすることで、豆腐の持つ、うまみを引き出せます。

# 煮奴 ·······························

煮奴は、湯豆腐と並んで、豆腐の定番中の定番料理。フライパンを使い、少ない水で蒸し煮にすることで、短時間でも、しっかり味が染みます。醤油とみりんは後から入れるのが、おいしく作るためのコツです。

## 使用する豆腐

木綿・絹　どちらでも

## 豆腐の水切り

特になし

## 材料（2〜3人分）

- Ⓐ
  - 豆腐（食べやすい大きさに）　　1丁(300g)
  - 昆布（あれば）　　1×10センチのもの1枚
  - 水 ································ 100cc
  - 長ねぎ（小口切り）··············· 1本
- Ⓑ
  - 醤油 ···························· 大さじ1
  - みりん ·························· 大さじ1
- かつお節 ························· 1パック(4g)
- 七味唐辛子、おろししょうが ······ 好みで

## 作り方

❶ Ⓐをフライパンに入れ、ふたをして火にかける。

❷ 豆腐が熱くなったらⒷで味を調え、最後にかつお節を混ぜて完成。

❸ 器に盛り、好みで七味唐辛子、おろししょうがなどをかける。

## Point ·······························

最後にかつお節を入れることで、だしを使わなくても、かつおだしで煮たのと同じうまみになります。

# 白和え ·································································

たとえば豆腐が中途半端に残ったとき、手でくずして電子レンジにかけておくと、保存もよくなり、いい感じに水が切れるというわけです。後はここに調味料で味をつけ、具材を和えれば白和えのできあがり。白和えって、わざわざではなく、こんな風に気楽に作っていいんじゃないかと思います。

## 使用する豆腐

絹ごし豆腐

## 材料（2〜3人分）

| | | |
|---|---|---|
| 絹ごし豆腐 | ……… | 1/2丁（150g） |
| Ⓐ 白練りごま | ……… | 大さじ2 |
| 砂糖 | ……… | 小さじ1〜2 |
| 薄口醤油 | ……… | 小さじ1 |
| 塩 | ……… | 小さじ1/2弱 |
| ほうれん草（ゆでて一口大） | …… | 1束 |

※具材はほうれん草以外にゆでた春菊や小松菜、さつまいも、こんにゃく、にんじんなどでも。

## 豆腐の水切り

電子レンジにかける。

## 作り方

❶ 耐熱皿にキッチンペーパーを広げ、豆腐をくずしながらのせたら、ラップなしで3分電子レンジにかけ、そのまま5分ほどおく。

❷ ペーパーを引いた容器に移し替え、粗熱が取れたらⒶをまぜる。

❸ ほうれん草をゆでて水に取り食べやすく切る。

❹ 食べる直前に❷と❸を和えてできあがり。

# 即席白和え風サラダ ………………………

思い立ったらすぐに作れる白和えです。白和えといっても、くずした豆腐と野菜を混ぜるだけですので簡単にできます。ドレッシングは混ぜないで、食べるときにかけるのが、おいしく食べるコツになります。

## 使用する豆腐

絹ごし豆腐

## 材料（２〜３人分）

絹ごし豆腐 ……………… 1丁（300g）
カットわかめ（水で戻す） … 大さじ1
ミニトマト（２つに切る） … 1パック
Ⓐ ┌ 醤油 ………………… 大さじ2
　 │ 酢 …………………… 大さじ2
　 │ ごま油 ……………… 大さじ1
　 │ みりん ……………… 大さじ1
　 └ すりごま …………… 大さじ2

## 豆腐の水切り

特になし

## 作り方

❶ 豆腐を手でくずしながらボウルに入れ、カットわかめと二つに切ったミニトマトを混ぜる。

❷ Ⓐを混ぜてドレッシングを作る。

❸ 器に盛り、食べるときにⒶをかける。

41

# 揚げだし豆腐のカレーあんかけ …

カレー味も豆腐とはよく合います。カレーあんといってもかつお節ベースの合わせ調味料の材料をすべて鍋に入れて火にかけるだけですから、あっ

といういう間にできます。揚げだし豆腐だけでなく豆腐ステーキにかけてもおいしいですよ。

## 使用する豆腐

木綿・絹ごしどちらでも

## 材料（2人分）

Ⓐ ┌ 豆腐（2等分）……… 1丁（300g）
　 └ 片栗粉 …………………… たっぷり
サラダ油 ……………………………適宜
Ⓑ ┌ 水 ……………………………… 100cc
　│ 醤油 ………………………… 大さじ2
　│ みりん ……………………… 大さじ2
　│ カレー粉 …………………… 小さじ1
　│ 片栗粉 ……………………… 小さじ1
　│ かつお節 ………… 1パック（5g）
　└ しょうが（すりおろし）… 1かけ
青ねぎ（小口切り）………………適宜

## 豆腐の水切り

2等分して5分ほどキッチンペーパーで包む。

## 作り方

❶ Ⓐの豆腐に片栗粉をまぶして5分ほどおき、表面の片栗粉がしっとりしたら、再び片栗粉をつける。

❷ サラダ油を1cmほど入れたフライパンに❶を入れひっくり返しながら揚げ焼きにする。

❸ 全部の面がかりっとなったら器に取り出す。

❹ Ⓑを鍋に入れて、木べらでかき混ぜながら火にかけ、とろみがついたら青ねぎを入れる。

❺ 熱々の❹を❸にかける。

# トマトとチーズの洋風炒り豆腐 ····

豆腐と相性抜群のトマトを使った炒り豆腐。ピザ用チーズが溶けたところに、片栗粉入りの卵を回し入れることで、コクととろとろ感がアップ。粗びきこしょうがよく合うので、もしあればたっぷりとどうぞ。ほんの少し醤油をたらすと味がしまります。

## 使用する豆腐

木綿・絹ごしどちらでも

## 豆腐の水切り

くずしてキッチンペーパーに5分ほどのせる。

## 材料（2〜3人分）

- A
  - 片栗粉 ················· 小さじ1
  - 水 ····················· 小さじ1
  - 卵 ·························· 2個
  - 塩 ························· 少々
- オリーブオイル ············ 大さじ1
- にんにく(粗みじん) ········· 1かけ
- 豆腐················· 1丁(300g)
- トマト(ざく切り) ············· 1個
- ピザ用チーズ ················· 50g
- 醤油、粗びきこしょう ········· 好みで

## 作り方

❶ Ⓐを上から順に混ぜる。

❷ フライパンにオリーブオイルとにんにくを入れて火にかけ、いい香りがしたら豆腐を炒める。

❸ 豆腐にさっと火が通ったらトマトを手早く炒め、ピザ用チーズをかけてふたをする。

❹ 1〜2分蒸し焼きにしてチーズがとろりとなったら、Ⓐを入れ、卵が少し固まるのを待って大きく混ぜる。

❺ 器に盛って、好みで醤油と粗びきこしょうをかける。

# 豆腐の ミニ講座 2 豆腐の種類

豆腐は、大豆をすりつぶして作った豆乳に、にがりなどの凝固剤を加えて固めたもの。凝固剤の種類、豆の種類、固める方法などによって食感や水分量、名称が違ってきます。基本的な違いをわかっていれば、料理によって自由に豆腐を使い分けられるようになり、豆腐料理の世界がぐんと広がります。この本では各レシピに使用する豆腐を表示しました。特に、木綿か絹ごしかを限定している料理は、それを使ったほうが作りやすい、またはそれを使ったほうが確実においしくできるもの。木綿・絹ごしどちらでもとあるのは、好みによって使い分けてください。

## 木綿豆腐

豆乳ににがりなどの凝固剤を入れ、もろもろと固まってきたものを布を敷いた穴あきの型に流し入れ、上から重石をかけて、水分を抜きながら固めたもの。これが木綿豆腐です。昔ながらの木綿豆腐をよく見てみると、もろもろした固まりがぎゅっと押されて固まった感じが確かにします。豆の風味を楽しみたいとき、のど越しよりも食べ応えを優先したいとき、水分があまりないほうがいい料理にむいています。

## 絹ごし豆腐

豆乳ににがりなどの凝固剤を加え、そのまま穴の開いていない型の中で固めたものが絹ごし豆腐です。絹の布を使ってこしているわけではありません。水分が多く、つるりとしたやわらかい食感が特徴です。パンケーキ、ゼリー、ドーナッツなどのスイーツ類には是非絹ごし豆腐を。滑らかな食感に仕上がります。

# 豆腐の ミニ講座 3 豆腐の保存方法

できる限り新鮮なうちに食べる、というのが豆腐をおいしく食べる基本です。
しかし鍋物の後や、予定がくるって豆腐が残ることもあります。そんなときに役立つ保存方法を紹介します。

## 水を変えて保存

未開封の豆腐は、そのまま封を開けずに冷蔵保存するほうがいいのですが、あけてしまったものはふたつき容器に入れ替え、水を入れて冷蔵庫で保存。水を毎日取り替えれば、2～3日は大丈夫です。

## 電子レンジで加熱して保存

中途半端に食べ残した豆腐は、耐熱容器にキッチンペーパーを広げたところにくずして入れ、ラップなしで電子レンジにかけてから保存すると、日持ちがします（600wの電子レンジで100gにつき2分）。白和えの衣や、サラダのトッピング、炒め物などに使ってください（白和えP40参照）。

## 冷凍保存

余った豆腐は、封を切らずに買ってきたままの状態で冷凍庫に入れるだけで冷凍保存できます。使うときは常温で自然解凍するか、包丁で切れるくらいまで電子レンジにかけてから、食べやすく切り、キッチンペーパーにのせて自然解凍してください。もとの豆腐とは違うぼろぼろした感じになりますが、煮物などにすると、そのぼろぼろしたところに調味料が入るので、新たなおいしさが味わえます。

# 2章

## 豆腐＋肉・魚
### のおかずレシピ

# 豆腐と豚肉の梅蒸し

土鍋で作れてしまう簡単蒸し物です。水分が少ないように思いますが、豆腐から若干水が出るのと、煮物ではなく蒸し物なので、これくらいの水分で充分なのです。梅干は種から

も味が出るので種ごと豚肉と一緒にもみもみして、一緒に蒸してくださいね。食べるときに取り除けばいいのですから。梅干の酸味でさっぱりと食べられます。

## 使用する豆腐

木綿・絹ごしどちらでも

## 材料（2〜3人分）

|   |   |   |
|---|---|---|
| Ⓐ | 水 | 100cc |
| | 昆布 | 1cm×10cmのもの1枚 |
| Ⓑ | 豚薄切り（ひと口大） | 200g |
| | 片栗粉 | 大さじ1/2 |
| | ごま油 | 大さじ1/2 |
| | 醤油 | 大さじ1 |
| | 梅干 | 2個 |
| | しょうが（すりおろし） | 1かけ |
| | 長ねぎ（みじん切り） | 1/2本 |
| 豆腐（食べやすい大きさ） | | 1丁（300g） |
| 三つ葉（ざく切り） | | 2〜3束 |
| 醤油、ごま油 | | 好みで |

## 豆腐の水切り

特になし

## 作り方

❶ 土鍋にⒶを入れ（昆布はキッチンバサミで細く切る）火にかける。

❷ Ⓑの豚肉を食べやすい大きさに切り、残りの材料と一緒にポリ袋に入れて手でもむ。

❸ ❶が沸騰したら豆腐を入れ、その上に❷をのせ、ふたをして中火で蒸し煮にする。

❹ 10分ほどして豚肉に火が通ったら、ざく切りの三つ葉を散らしてできあがり。

❺ 好みで醤油とごま油を混ぜたものをかける。

## Point

豆腐の上に、下味をつけた豚肉をのせていきます。このとき、肉を広げるようにしてのせると、火の通りがよくなります。

# 豆腐とひき肉の蒸し物 ………………

ポリ袋の中で混ぜた材料を、フライパンに入れて蒸し煮にするだけ。ひき肉に火が通ったところで、鍋肌から水を入れます。ひき肉ダネから出てきたうま味と水が合わさって、うま味たっぷりのあんも同時にできてしまうのです。食べるときに好みでポン酢醤油をかけるとさらにさっぱり食べられます。

## 使用する豆腐

木綿豆腐

## 材料（2〜3人分）

Ⓐ
- 木綿豆腐 ………… 1丁（300g）
- 鶏ひき肉 ………………… 200g
- 干ししいたけ（乾いたまま砕く）4枚
- しょうが（すりおろし） … 1かけ
- 卵 ………………………… 1個
- 醤油 …………………… 大さじ1
- 片栗粉 ………………… 大さじ1
- 青ねぎ（小口切り） …… 1/2束

ごま油 …………………… 大さじ1
水 ………………………… 1カップ
醤油、みりん ………… 各大さじ1
水溶き片栗粉 ………………… 適宜

## 豆腐の水切り

特になし

## 作り方

❶ Ⓐの豆腐をポリ袋に入れてつぶし、残りの材料も入れてよく混ぜる。

❷ フライパンにごま油を入れ、❶をしぼり出して入れ、木べらで大きく広げたらふたをして弱火で蒸し焼きにする。

❸ 1〜2分したら水を入れ、さらに蒸し焼きにする。

❹ 器に取り出し、残った蒸し汁に醤油、みりんで味をつけ、水溶き片栗粉でとろみをつける。

❺ 蒸し物の上にあんをかけてできあがり。

# 豆腐と豚肉の韓国風炒め ……………

にんにく醤油味の炒め物です。豆腐の水分を自然に引き出して、汁だくに仕上げ、それをご飯にかけて食べてもおいしいのですが、ここでは豚肉の下味に片栗粉を使うことでとろみをつけ、調味料がすべて具材にからまるように仕上げました。すりごまをたっぷりかけることでコクがアップ。ご飯の進むおかずです。

## 使用する豆腐

木綿豆腐

## 材料（2〜3人分）

| | | |
|---|---|---|
| | 豚薄切り肉（一口大） | ……150g |
| Ⓐ | 醤油 | …………… 小さじ1 |
| | 片栗粉 | …………… 小さじ1 |
| | 醤油 | …………… 大さじ2 |
| Ⓑ | 酒 | …………… 大さじ2 |
| | 砂糖 | …………… 小さじ2 |
| ごま油 | …………… 大さじ1 | |
| 木綿豆腐 | …………… 1丁（300g） | |
| にんにく（みじん切り） | ……… 1かけ | |
| 長ねぎ（小口切り） | …………… 1本 | |
| すりごま | …………… たっぷり | |

## 豆腐の水切り

特になし

## 作り方

❶ Ⓐの豚肉は醤油、片栗粉をもみこむ。

❷ Ⓑを合わせておく。

❸ フライパンにごま油を入れⒶとにんにくを炒める。

❹ Ⓐの豚肉に火が通ったら豆腐を入れて炒める。

❺ 豆腐が熱くなったら長ねぎを入れる。

❻ Ⓑを入れ、全体にからめる。

❼ すりごまをかけてできあがり。

# スンドゥブ ……………………………………………

スンドゥブは韓国語でおぼろ豆腐のこと。豚肉やシーフードのうま味が複雑に溶け出したスープで食べる豆腐のお鍋です。日本の粉唐辛子を使うときは加減して入れてください。

## 使用する豆腐

絹ごし豆腐、あればおぼろ豆腐

## 豆腐の水切り

特になし

## 材料（2〜3人分）

| | | |
|---|---|---|
| アサリ …………… | 1パック（200g） |
| えび（殻つき） ………………… | 200g |
| Ⓐ 豚バラ肉（一口大） ……… | 150g |
| Ⓐ 塩 ……………………… | 小さじ1/2 |
| Ⓑ 水 …………………… | 1カップ |
| Ⓑ 昆布 … 1cm×10cmのもの1枚 |
| Ⓑ 日本酒 ………………… | 大さじ2 |
| Ⓒ にんにく（すりおろし）…1かけ |
| Ⓒ コチュジャン ………… | 大さじ1 |
| Ⓒ ごま油 ………………… | 大さじ1 |
| Ⓒ 韓国産粉唐辛子 … 大さじ1〜2 |
| 豆腐 ……………………… | 1丁（300g） |
| 長ねぎ（小口切り）……………… | 1本 |

## 作り方

❶ アサリは砂を吐かせ、殻をこすりつけてきれいに洗う。えびは殻と背わたを取り、塩と酒（分量外）を振っておく。

❷ Ⓐの豚肉は塩をもみこむ。

❸ 土鍋にⒷを入れて火にかけ、沸騰したら豚肉を入れ、Ⓒで味を調える。

❹ 長ねぎ、豆腐、えび、アサリを彩りよくのせ、ふたをして中火で煮る。

❺ 全体に火が通ったらできあがり。

# ザーサイ豆腐 ......................................

電子レンジで作る蒸し物です。すべての材料をポ
リ袋に入れて混ぜ、後は耐熱容器に広げて電子レ
ンジにかけるだけ。ザーサイの味が調味料になり
ますから、味つけも不要です。白髪ねぎをたっぷり
添えて食べるとおいしいので、最初に白髪ねぎを
作り、あまった芯の部分をきざんで生地に混ぜる
と、ムダなく使い切れます。

## 使用する豆腐

木綿・絹ごしどちらでも

## 豆腐の水切り

特になし

## 材料（2〜3人分）

長ねぎ ……………………………… 1本
Ⓐ
┌ 豚ひき肉 …………………… 150 g
│ にんにく（すりおろし） … 1かけ
│ しょうが（すりおろし） … 1かけ
│ ザーサイ（細かくきざむ） 100 g
│ 卵 …………………………… 1個
└ 片栗粉 ……………………… 大さじ1
豆腐 ……………………… 1丁（300g）
醤油、酢、ラー油 ………………… 適宜

## 作り方

❶ 長ねぎは白い部分で白髪ねぎを作り、残りの部分は
みじん切りにする。

❷ ポリ袋にⒶとねぎのみじん切り、豆腐を入れて混ぜ
る。

❸ ❷を耐熱容器に入れてラップをして、8〜10分電子
レンジにかける。

❹ ラップを取って白髪ねぎを散らし、食べるときに醤
油、酢、ラー油を好みで混ぜた、たれをかける。

# 豆腐と鮭のねぎ蒸し煮 ……………………

豆腐と鮭をさっぱり塩味で煮てみました。醤油や砂糖などの甘辛味ではなく、塩味で煮ることで、豆腐の甘味がうんと引き立ちます。しょうがとねぎを落しぶた代わりにたっぷりのせて蒸し煮にすると、ふっくらやわらかく仕上がります。食べるときに好みでポン酢醤油やごま油をかけても。

## 使用する豆腐

木綿・絹ごしどちらでも

## 豆腐の水切り

特になし

## 材料（2〜3人分）

Ⓐ
- 生鮭（そぎ切り）………… 2切れ
- 塩 …………………… 小さじ1/2

Ⓑ
- 水 …………………… 1カップ
- 酒 …………………… 大さじ2
- 塩 …………………… 小さじ1/2
- 昆布 … 1cm×10cmのもの1枚

豆腐（8等分）………… 1丁（300g）
しょうが（せん切り）………… 1かけ
長ねぎ（斜め細切り）………… 1本
ポン酢醤油 …………………… 適宜

## 作り方

❶ Ⓐの鮭は塩を振って5分ほどおく。

❷ フライパンにⒷを入れて火にかけ（昆布はキッチンバサミで細く切る）、沸騰したら、鮭と豆腐を入れる。

❸ しょうがと長ねぎを上にのせ、ふたをして蒸し煮にする。

❹ 鮭に火が通ったら器に出し、好みでポン酢醤油をかける。

# 豆腐とじゃこのゆかり炒め …………

チャンプルーをもっと和風にあっさり作れないものかと思い、考えたのがこれ。ちりめんじゃこのカリカリと豆腐のやわらかさが面白く、味つけに使った、赤しその粉が豆腐の味を引き立てます。三つ葉は最後に加え、さっと加熱することでかさが減り、サラダ感覚でたっぷり食べられます。

## 使用する豆腐

木綿豆腐

## 材料（2～3人分）

A ┌ 木綿豆腐（8等分）　　1丁（300g）
　└ 小麦粉 ………………………適宜
ごま油 …………………………大さじ1
ちりめんじゃこ …………………30g
赤しそふりかけ（ゆかり）…小さじ1
三つ葉（ざく切り）…………2～3束

## 豆腐の水切り

8等分して、5分ほどキッチンペーパーにのせておく。

## 作り方

❶ Aの豆腐に小麦粉をまぶし、すぐにごま油を入れたフライパンに入れ両面こんがり焼く。

❷ ちりめんじゃこと赤しその粉を入れて軽く炒める。

❸ ざく切りにした三つ葉も入れ、さっと炒めたらできあがり。

# 明太豆腐 ......................................

淡白な豆腐を明太子で煮てみると、あっさりしているのにコクがある、ご飯が進むおかずになりました。明太子は皮ごとキッチンバサミで細かく切ると、薄皮を取らなくてもきれいにほぐれます。ささみを加えることで、あっさりしているのにうま味のあるおいしさになりました。

## 使用する豆腐

木綿・絹ごしどちらでも

## 豆腐の水切り

特になし

## 材料（2〜3人分）

- Ⓐ ┌ 辛子明太子 ……………………… 1腹
     └ 酒 ……………………… 大さじ1〜2
- Ⓑ ┌ ささみ（細切り） 2本（約100g）
     └ 塩 ……………………… 小さじ1/2
- Ⓒ ┌ 水 ……………………… 1カップ
     ├ 昆布 … 1cm×10cmのもの1枚
     └ しょうが（すりおろし） … 1かけ
- 水溶き片栗粉 ……………………… 適宜
- 豆腐（2〜3cm角） … 1丁（300g）
- 長ねぎ（みじん切り） ……………… 1本
- ごま油 ……………………… 適宜

## 作り方

❶ Ⓐの辛子明太子はキッチンバサミで細かく切り、酒を混ぜておく。

❷ Ⓑのささみは筋を取り、細く切って塩をもみこむ。

❸ Ⓒをフライパンに入れて火にかけ、沸騰したらささみを入れる。

❹ 水溶き片栗粉でとろみをつけたら豆腐を入れ、ふたをして弱火で1〜2分煮る。

❺ ❶の明太子を混ぜ、火が通ったら長ねぎを入れ、最後に香りつけのごま油をかける。

# 3章

# 豆腐＋野菜
## のおかずレシピ

# 豆腐とニラの卵とじ ……………………

今日は簡単に済まそうというときにぴったりの一品です。ニラ以外にも、ねぎや、三つ葉、きのこなどでも同様に作れるのですが、ニラと豆腐と卵の組み合わせは相性のよさを実感できること間違いな

し。最後に入れるかつお節がだし代わり。だし取りいらずでうまみたっぷりに仕上がるのがうれしいところです。

## 使用する豆腐

木綿・絹ごしどちらでも

## 豆腐の水切り

特になし

## 材料（2〜3人分）

Ⓐ
- 水 ……………………… 1カップ
- 昆布 … 1cm×10cmのもの1枚
- 醤油 ……………………… 大さじ2
- みりん ……………………… 大さじ2

豆腐（8等分）………… 1丁（300g）
ニラ（ざく切り）………………… 1束
かつお節 …………… 1パック（5g）
卵 ……………………………… 2個

## 作り方

① フライパンにⒶを入れて火にかける（昆布はキッチンバサミで細く切って入れる）。

② 煮立ったら豆腐を入れて煮る。

③ 豆腐が熱くなったらニラとかつお節を入れて、軽く混ぜる。

④ 卵を溶いて回し入れたらふたをして火を止める。

⑤ 卵が好みのかたさに固まったらできあがり。

# 豆腐とねぎのおかか醤油炒め ……

なんともシンプルな料理ですが、こういう料理のほうが繰り返し食べたくなったりするのです。豆腐は小麦粉をつけて焼くことで、水っぽくなるのを防げます。小麦粉をつけたらすぐに焼くのがコツ。長ねぎの青い部分は栄養価が高いので全て使ってくださいね。焼き色をつけるように焼くとおいしさがアップします。

## 使用する豆腐

木綿豆腐

## 豆腐の水切り

8等分して、5分ほどキッチンペーパーにのせておく。

## 材料（2～3人分）

A ┌ 豆腐（8等分） ……… 1丁（300g）
  └ 小麦粉 …………………………適宜
ごま油 …………………………… 大さじ1
長ねぎ（斜め薄切り） …………… 1本
醤油 ……………………………… 大さじ1
かつお節 …………… 1パック（5g）

## 作り方

❶ Ⓐの豆腐に小麦粉をまぶし、すぐにごま油を入れたフライパンに入れてこんがり焼く。

❷ 長ねぎも入れて炒める。

❸ 醤油を回しかけ、かつお節を全体にまぶしてできあがり。

# 豆腐ときのこのとろろ煮

豆腐、きのこ、長芋。いずれもとろりとやわらかい食感のものなので、相性はバッチリ。入れるきのこは何でもいいのですが、数種類混ぜるとうま味がアップします。長芋を入れた後すぐに火を止めると、とろとろにじっくり蒸し煮にすると、もちもちになります。どちらでもお好みのほうで。

豆腐
＋
野菜の
おかず

## 使用する豆腐

木綿・絹ごしどちらでも

## 豆腐の水切り

特になし

## 材料（2〜3人分）

- ⓐ
  - 水 ………………………… 1カップ
  - 昆布 ……… 1cm×10cmのもの1枚
  - 醤油 ………………………… 大さじ2
  - みりん ……………………… 大さじ2
- 豆腐(一口大) ………………… 1丁(300g)
- まいたけ(小房に分ける) ………… 1パック
- エノキ(長さを半分) ……………… 1袋
- 長芋(皮をむいてたたく) ………… 200g
- かつお節 …………………… 1パック(5g)
- 三つ葉(ざく切り) …………………… 1束

## 作 り 方

① フライパンにⒶを入れて火にかける(昆布はキッチンバサミで細く切る)。

② 沸騰したら豆腐ときのこを入れ、ふたをして弱火で2〜3分煮る。

③ 長芋は皮をむいてポリ袋に入れ、麺棒でたたいて砕く。

④ ②の豆腐が熱くなったらかつお節を入れる。

⑤ ③の袋の口を縛り、角を切って④の上からしぼり出す。

⑥ ふたをして、長芋が熱くなったら、器に出し、三つ葉を散らしてできあがり。

## Point

長芋は袋に入れて叩いたら、袋の口を縛り、角を切ってフライパンの上で直接しぼり出します。所々に残る長芋の食感もたまりません。

# おろしやっこ ……………………………………

豆腐を細かく砕きながら炒め、大根おろしを混ぜた一品。豆腐をぽろぽろにせず、水分が残る程度に炒めるのがおいしさのコツ。ご飯にのせて食べると、ついついおかわりしたくなること間違いなし。素朴なおいしさを是非。

## 使用する豆腐

木綿豆腐

## 豆腐の水切り

特になし

## 材料（2～3人分）

大根（すりおろし）…… 200gくらい
ごま油 …………………………… 大さじ1
木綿豆腐 ……………… 1丁（300g）
醤油 ……………………………… 大さじ1
かつお節 ……………… 1パック（5g）
青ねぎ ……………………………… 適宜
ポン酢醤油 …………………… 好みで

## 作り方

① 大根は皮をむいてすりおろし、軽く水気を切っておく。

② フライパンにごま油を入れて火にかけ、熱くなったところに豆腐を入れ、くずしながら炒める。

③ 豆腐がぽろぽろになったら、醤油で味をつけ、かつお節を混ぜる。

④ 火を止め、大根おろしと青ねぎを混ぜたらできあがり。食べるときに好みでポン酢醤油をかける。

# 豆腐の梅サラダ ⋯⋯⋯⋯⋯⋯⋯⋯⋯⋯⋯⋯

冷やっこと同じくらい簡単で、冷やっこよりも栄養バランスがいい、それが豆腐サラダ。梅干はキッチンバサミで梅肉を切り刻むと、簡単にペースト状になります。種は取り除かずに残りの調味料を混ぜるのがコツです。

## 使用する豆腐

木綿・絹ごしどちらでも

## 材料（2〜3人分）

A
- 梅干 ⋯⋯⋯⋯⋯⋯⋯⋯ 1〜2個
- 酢 ⋯⋯⋯⋯⋯⋯⋯⋯⋯ 大さじ1
- 醤油 ⋯⋯⋯⋯⋯⋯⋯⋯ 大さじ1
- オリーブオイル ⋯⋯⋯ 大さじ1
- はちみつ ⋯⋯⋯⋯⋯ 小さじ1〜2

B
- 水菜（ざく切り）⋯⋯⋯⋯⋯ 1束
- きゅうり（輪切り）⋯⋯⋯⋯ 1本
- 貝割（長さを半分）⋯⋯ 1パック
- オリーブオイル ⋯⋯⋯ 大さじ1
- かつお節 ⋯⋯⋯ 1パック（5g）

豆腐（一口大）⋯⋯⋯⋯ 1丁（300g）

## 豆腐の水切り

食べやすく切り、5分ほどキッチンペーパーにのせておく。

## 作り方

1 梅干はキッチンバサミで梅肉を切り刻む。

2 Ⓐの残りの材料を入れて混ぜ、ドレッシングを作る（種は入れたままにしておく）。

3 Ⓑの野菜にオリーブオイルとかつお節をまぶして器に盛り、その上に豆腐をのせる。

4 2のドレッシングをかけてできあがり。

# 豆腐とレタスのポン酢蒸し ……………

ポン酢の水分で、豆腐とレタスを蒸し煮にしようというわけです。炒めた豆腐の上に、レタスとハムを広げて入れたら、混ぜないでそのままふたをして蒸し焼きにするのがコツ。下の豆腐にはポン酢の味がからまり、レタスにはハムのうま味がしみこみつつ、色鮮やかに蒸しあがるというわけ。レタスも豆腐もたっぷり食べられます。

## 使用する豆腐

木綿豆腐

## 豆腐の水切り

特になし

## 材料（2〜3人分）

ごま油 ……………………………… 大さじ1
木綿豆腐（手でくずす）… 1丁（300g）
ハム（細切り） 4〜5枚（50gくらい）
レタス（食べやすい大きさ） … 1/2玉
ポン酢醤油 ………………………… 大さじ2

## 作り方

① フライパンにごま油を入れ、豆腐を手で大きくくずして入れ、さっと炒める。

② ハムとレタスをのせ、ポン酢醤油を回し入れてふたをして中火で蒸し焼きにする。

③ 1〜2分くらいでレタスの色が鮮やかになったら一混ぜしてできあがり。

④ 味を見て足りないようなら、ポン酢醤油（分量外）を足す。

# 蒸し豆腐 ·····························

湯豆腐より簡単で、湯豆腐よりもおいしい！ と我が家で大人気の豆腐料理がこれ。豆腐とカットわかめを入れた器を湯をはったフライパンに入れ、ふたをして蒸すだけ。けれど、電子レンジにかけた ものより、ふっくらしっとり仕上がるし、湯豆腐よりも豆腐本来の味が楽しめます。カットわかめは豆腐から出てくる水分で、丁度いい感じに戻り、磯の香りもプラスされるので是非。

## 使用する豆腐

木綿・絹ごしどちらでも

## 豆腐の水切り

特になし

## 材料（2～3人分）

豆腐(食べやすく切る)… 1丁(300g)
カットわかめ ·····················10g
かつお節 ·····················適宜
しょうが、ねぎ ·····················適宜
醤油、ごま油 ·····················適宜

## 作り方

❶ 耐熱の器に豆腐とカットわかめを入れ、ラップをかける。

❷ フライパンに水を1cmくらい入れて火にかけ、沸騰したら、❶を器ごと入れてふたをする。

❸ 5～10分ほど中火で蒸して、豆腐が温まったら器ごと取り出し、かつお節、ねぎ、しょうがなどをたっぷりかけ、醤油、ごま油をかけてできあがり。

# オクラ豆腐 ……………………………………………

細かくきざんだオクラのしゃきしゃき感と、とろりとした粘りが豆腐にからんで絶妙なおいしさ。豆腐をくずしてから、全体をまぜまぜして食べると、さらにおいしさアップ。ごはんやそうめんにかけるのもおすすめ。

## 使用する豆腐

木綿・絹ごしどちらでも

## 豆腐の水切り

特になし

## 材料（2〜3人分）

- Ⓐ ┌ オクラ（みじん切り）…… 10本
  ├ 醤油 …………………… 大さじ1
  └ かつお節 ……… 1パック（5g）
- 豆腐（一口大）………… 1丁（300g）

## 作り方

❶ Ⓐのオクラは細かく切り、醤油とかつお節を混ぜる。

❷ 器に豆腐を入れ、❶をかけてできあがり。

# 4章

豆腐だけで作る

お手軽おかずレシピ

# 冷やっこ・温やっこ

暑い時期の冷やっこ・寒い時期の温やっこ。飽きず
に食べ続けるのなら、やっぱりシンプルな食べ方。

固さや舌触りも様々なのが売られていますから、
いろいろ食べ比べてみるのも楽しみのひとつです。

## 温やっこの作り方いろいろ

鍋に細切りにした昆布と水を入れて火にかけ、温まったところで豆腐を入
れて温めるのが温やっこ。P63のように蒸し豆腐にするのも手。電子レンジ
にかけるときは、ふんわりラップをして、1/2丁（150g）で約2分です。

# 冷やっこ&温やっこに合う食べるたれ

豆腐をシンプルに楽しめる具たくさんの食べるたれです。いずれも冷蔵庫で保存できるので、作り置きすると便利です。

## ニラ醤油

### 材料

ニラ(みじん切り)……… 1束
醤油…………………… 100cc
砂糖…………………… 大さじ1
しょうが(すりおろす)… 1かけ分
ごま油………………… 大さじ1

### 作り方

全部を混ぜる。混ぜたらすぐ食べられる。
冷蔵庫で1週間保存可。

## だっしだれ

### 材料

みょうが(みじん切り)……… 3個
キュウリ(みじん切り)……… 1本
なす(みじん切り)………… 1本
青しそ(みじん切り)……… 10枚
醤油…………………… 50cc
しょうが(すりおろす)…… 1かけ
ごま油………………… 大さじ1

### 作り方

全部を混ぜる。混ぜたらすぐ食べられる。
冷蔵庫で3日間保存可。

## トマ玉だれ

### 材料

玉ねぎ(みじん切り)…… 1個
トマト(細かく切る)…… 1個
醤油…………………… 50cc
酢 …………………… 50cc
みりん………………… 大さじ1

### 作り方

全部を混ぜる。半日後から食べられる。
冷蔵庫で1週間保存可。

## ねぎごまだれ

### 材料

練りごま ……………… 大さじ2
はちみつ ……………… 大さじ2
酢……………………… 大さじ2
醤油…………………… 大さじ2
長ねぎ(みじん切り)…… 1本
すりごま ……………… 大さじ2
ラー油…………………… 好みで

### 作り方

全部を混ぜる。混ぜたらすぐ食べられる。
冷蔵庫で1週間保存可。

## 中華風ザーサイだれ

### 材料

醤油…………………… 50cc
酢……………………… 50cc
砂糖…………………… 大さじ1
ごま油………………… 大さじ1
長ねぎ(みじん切り)……… 1本
ザーサイ(みじん切り)… 50g
すりごま ……………… 大さじ2
ラー油………………… 好みで

### 作り方

全部を混ぜる。混ぜたらすぐ食べられる
冷蔵庫で1週間保存可。

## ねぎ塩だれ

### 材料

長ねぎ(みじん切り) ……… 1本
塩……………………… 小さじ1/2
ごま油………………… 大さじ2

### 作り方

全部を混ぜる。混ぜたらすぐ食べられる。
冷蔵庫で1週間保存可。

# 豆腐のピカタ ……………………………………

ピカタというのは、卵の衣をからめて焼いた料理。白身魚や豚肉で作るのが一般的ですが、豆腐で作ってみると、ふわふわした食感で大人気の一品になりました。豆腐に小麦粉をまぶしたところに卵の衣をかけてからめるのがポイント。豆腐がくずれず上手に衣がくっつきます。

## 使用する豆腐

木綿豆腐

## 豆腐の水切り

8等分して、5分ほどキッチンペーパーにのせておく。

## 材料（2〜3人分）

| | | |
|---|---|---|
| Ⓐ | 木綿豆腐（8等分） | 1丁（300g） |
| | 小麦粉 | 適宜 |
| Ⓑ | 卵 | 1個 |
| | 小麦粉 | 大さじ4 |
| | 水 | 大さじ2 |
| | 塩、こしょう | 各少々 |
| | オリーブオイル | 大さじ1 |
| Ⓒ | ケチャップ | 大さじ1 |
| | ウスターソース | 大さじ1 |

## 作り方

❶ Ⓐの豆腐に小麦粉をまぶしてトレーに並べる。

❷ Ⓑを混ぜ合わせたものを上からかけて全体にからめる。

❸ フライパンにオリーブオイルを入れ❷を両面こんがり焼く。

❹ 焼き上がったらⒸのたれをかける。

# 辛子あんかけ豆腐 ……………………………

豆腐と辛子の相性は抜群。寒い日にささっと食べ
たい一品です。手間のかかるあん作りも、奥薗流な
ら材料をすべて鍋に入れて火にかけるだけの簡単
さ。かつお節も片栗粉も最初から入れてしまうの

で、だし取りもとろみづけの手間も不要なのです。
しかもとろみのついたあんの中で豆腐を温めるの
で豆腐もつるりとした極上の食感。辛子は器に盛
って食べるときにどうぞ。

## 使用する豆腐

木綿・絹ごしどちらでも

## 豆腐の水切り

特になし

## 材料（2〜3人分）

| | | |
|---|---|---|
| A | 水 …………………… | 2カップ |
| | 昆布 … 1cm×10cmのもの1枚 | |
| | 塩 …………………… | 小さじ1/2 |
| | 醤油 ………………… | 大さじ1 |
| | みりん ……………… | 大さじ2 |
| | かつお節 ……… | 1パック（5g） |
| | 片栗粉 ……………… | 大さじ1 |
| 豆腐 …………………… | 1丁（300g） | |
| B | 辛子 ………………… | 小さじ1 |
| | 酢 …………………… | 小さじ1 |

## 作り方

❶ Ⓐを鍋に入れ、かき混ぜながら火にかける（昆布は
キッチンバサミで細く切る）。

❷ ふつふつしてきたら豆腐を大きくくずしながら入
れ、ふたをして弱火で2〜3分煮る。

❸ 豆腐が熱くなったら器に盛り、Ⓑをかけてできあが
り。

# 豆腐のしょうがあんかけ ……………

豆腐のあんかけって、中まで熱々の豆腐にちょっと濃いめの醤油あんがかかっているのがおいしいですね。その場合、豆腐には何も味がついていないほうが、あんのだしの味で豆腐の甘みがぐんと引き出されます。そこで考えたのがこのやり方。豆腐だけを昆布の入った湯で温めて、そのゆで汁をそのまま使ってあんを作るわけです。このやり方なら豆腐のうま味を逃がすことなく、極上のあんかけが簡単に作れます。

## 使用する豆腐

木綿・絹ごしどちらでも

## 材料（2～3人分）

Ⓐ┌ 水 ……………………… 1カップ
　└ 昆布 … 1cm×10cmのもの1枚
豆腐（4等分） ………… 1丁（300g）
Ⓑ┌ 醤油 ……………………… 大さじ2
　│ みりん …………………… 大さじ2
　└ かつお節 …………… 1パック（5g）
水溶き片栗粉 …………………… 適宜
しょうが（すりおろし） ……… 1かけ

## 豆腐の水切り

特になし

## 作り方

❶ フライパンにⒶを入れて（昆布はキッチンバサミで細く切る）火にかける。

❷ 沸騰したら豆腐を入れ、ふたをして煮る。

❸ 豆腐が熱くなったら、豆腐だけを器に出す。

❹ 残った煮汁にⒷを入れ、水溶き片栗粉でとろみをつける。

❺ ❹を❸の豆腐の上にかけ、おろししょうがをのせてできあがり。

# 豆腐のおやき ·····························

豆腐が中途半端に残ったとき、覚えておくと重宝する一品です。豆腐に片栗粉と小麦粉を混ぜることで、もちもちの食感になります。表面にピザ用チーズをのせ、ひっくり返して焼くと、チーズが焦げてパリッとなり、とろりとした生地との食感のコントラストが楽しいです。大きく焼くより小さく焼いたほうが火の通りも早く、ひっくり返しやすいのでおすすめです。

## 使用する豆腐

木綿・絹ごしどちらでも

## 豆腐の水切り

特になし

## 材料（2～3人分）

Ⓐ 「豆腐 ···················· 1丁（300g）
　 片栗粉 ···················· 大さじ3
　 └小麦粉 ···················· 大さじ3
オリーブオイル ············· 大さじ1
ピザ用チーズ ···················· 適宜
醤油 ···························· 適宜

## 作り方

❶ Ⓐをよく混ぜる。

❷ オリーブオイルを入れたフライパンに❶をスプーンですくいながら入れ、ピザ用チーズをのせる。

❸ チーズが溶けてきたらひっくり返し、チーズの面がパリッとなるまで焼く。

❹ 器に出して、醤油少々をかけてできあがり。

# しょうが焼き ·······································

豚肉ではなく、豆腐で作ったしょうが焼き！！
ポイントは豆腐に小麦粉をまぶして焼くこと。2
cmくらいの厚みに切ること。小麦粉をまぶすこと

でたれがからまりやすく、2cmくらいの厚みに切
ることで、食べたときのたれと豆腐のバランスが
いいのです。

## 使用する豆腐

木綿豆腐

## 材料（2～3人分）

Ⓐ ┌ 木綿豆腐（8等分）　1丁（300g）
　 └ 小麦粉 ························· 適宜
ごま油 ···························· 大さじ1
Ⓑ ┌ 醤油 ·························· 大さじ2
　 │ はちみつ ···················· 大さじ2
　 └ しょうが(すりおろし) ··· 1かけ
おろししょうが ················ 好みで

## 豆腐の水切り

8等分して、5分ほどキッチンペーパーにのせておく。

## 作り方

❶ Ⓐの豆腐は小麦粉をまぶし、すぐにごま油を入れた
フライパンに入れ、両面こんがりと焼く。

❷ ❶にⒷを入れて全体にからめる。

❸ 器に盛り、お好みでさらにおろししょうがをのせる。

# 豆腐田楽 ......................................................

普通はしっかり水を切った豆腐に串を刺し、味噌を塗りながら炭で香ばしく焼いて作ります。ところがオーブントースターの天板に豆腐を並べ味噌を塗って焼いてみると、豆腐から水が出てなんとも水っぽい仕上がりに。そこで、発想の転換。豆腐に小麦粉をまぶし、あらかじめステーキのように焼いてから味噌を塗り、オーブントースターでさっと味噌に焦げ目をつけようというわけです。これなら誰でも失敗なくおいしく作れます。

## 使用する豆腐

木綿豆腐

## 材料（2〜3人分）

Ⓐ ┌ 木綿豆腐（8等分）　　1丁（300g）
　　└ 小麦粉 ……………………適宜
ごま油 …………………… 大さじ1
Ⓑ ┌ 味噌 ……………………… 大さじ2
　│ はちみつ ……………… 大さじ2
　└ すりごま ……………… 大さじ2

## 豆腐の水切り

8等分して、5分ほどキッチンペーパーにのせておく。

## 作り方

❶ Ⓐの豆腐は小麦粉をまぶし、すぐにごま油を入れたフライパンに入れ両面こんがり焼く。

❷ オーブントースターの天板に取り出し、上にⒷを混ぜた味噌を塗り、おいしそうな焦げ色がつくまで、しっかり焼く。

# 豆腐茶碗蒸し ·······························

豆腐を水分代わりに卵と混ぜてみると、普通の茶碗蒸しより簡単にとろとろの茶碗蒸しができるんです。所々に残っている豆腐の固まりが、そのまま茶碗蒸しの食感になるので、豆腐をきれいにつぶ さないのがコツ。最後にかつお節の入ったたれをかけるだけで、だしを使わなくても、だしのうまみが口いっぱいに広がります。

## 使用する豆腐

絹ごし豆腐

## 豆腐の水切り

特になし

## 材料（器4個分）

|   |   |   |
|---|---|---|
| | 絹ごし豆腐 ……… | 1丁（300g） |
| | 卵 …………………… | 2個 |
| Ⓐ | 水 ………………… | 1カップ |
| | 塩 ………………… | 小さじ1/2 |
| | 醤油、みりん ……… | 各小さじ1 |
| | 水 ………………… | 100cc |
| | 醤油、みりん ……… | 各大さじ2 |
| Ⓑ | 昆布 … 1cm×10cmのもの1枚 | |
| | 片栗粉 …………… | 小さじ1 |
| | かつお節 ………… | 1パック（5g） |

## 作り方

❶ Ⓐの豆腐をボウルに入れて泡だて器で細かくつぶしたら、残りの材料を入れて混ぜる。

❷ 茶碗蒸しの器4つに分け入れる。

❸ 湯気の立った蒸し器に入れ、強火で3分蒸したら、弱火にして10分蒸す。

❹ Ⓑを鍋に入れ、木べらで混ぜながら火にかける。

❺ ❹のとろみがついたら、蒸しあがった❸にかけてできあがり。

# 海苔やっこ

豆腐と焼き海苔を一緒に炒めてみると、海苔の香りが淡白な豆腐の味をぐんと引き立て、目先の変わった面白い一品になりました。ごま油と塩で韓国海苔風の味わいです。塩の代わりにわさび醤油をかければ和風テイストにもなります。

## 使用する豆腐

木綿豆腐

## 材料（2〜3人分）

A ┌ 木綿豆腐（8等分）　1丁（300g)
　 └ 小麦粉 ······················適宜
ごま油 ·····················大さじ1
塩 ·························適宜
焼き海苔 ···················たっぷり

※海苔は、味つけ海苔でも韓国海苔でもOK。

## 豆腐の水切り

8等分して、5分ほどキッチンペーパーにのせておく。

## 作り方

❶ Aの豆腐に小麦粉をまぶし、すぐにごま油を入れたフライパンに入れ、軽くつぶしながら炒める。

❷ 塩少々を振りかけたら、海苔を手でもんでたっぷり混ぜて器に出す。

## 其の1 豆腐のカロリー

豆腐1／2丁（150g）あたりのカロリーは木綿豆腐で108kcal、絹ごし豆腐で84kcalと、とても低カロリーです。
ごはん軽く茶碗に1杯（150g）で201kcal
じゃがいも大1個（150g）114kcal
和牛サーロイン（150g）747kcal
と比べてみると、よくわかります。安心して、たっぷりどうぞ。

## 其の2 脂質

豆腐に含まれる脂質の多くは、動脈硬化や高血圧の予防に効果があるといわれている不飽和脂肪酸です。また、コレステロールも含んでいません。飽和脂肪酸を多く含む肉の量を半分にして、その分を豆腐に代えると、それだけで日々の食事の脂肪の質を改善することができます。

## 其の3 イソフラボン

豆腐1／2丁（150g）を食べると、一日の必要量の約1／2弱のイソフラボンを摂ることができます。イソフラボンは身体に入ると女性ホルモンと同じような働きをすることが知られていて、更年期障害の改善や、骨粗しょう症の予防などの効果があるといわれています。

## 其の4 たんぱく質

豆腐は優れた植物性のたんぱく質源です。たんぱく質は体の中でアミノ酸に分解されて吸収されますが、体内では作れないために口から摂取しなければならないアミノ酸が8つあります。それらを全てバランスよく含んでいるのが、豆腐のすばらしさでもあります。
100gの豆腐に含まれているたんぱく質は、木綿豆腐で6.6g、絹ごし豆腐で4.9g。そのたんぱく質量は、卵1個（50g）6.2gにも匹敵します。

## 豆腐の ミニ 講座 4

# 豆腐の栄養

豆腐はおいしいだけではありません。その中にはうれしい栄養素がたっぷり。
豆腐に含まれる栄養を知れば、もっと豆腐が好きになるはず！

## 其の5 レシチン

大豆に含まれるレシチンは、豆腐にもたくさん含まれていて、血中コレステロールを調整して動脈硬化を防いだり、脳の働きを高めるなどの効果があるといわれています。

## 其の6 カルシウム

豆腐は優れたカルシウム源でもあります。豆腐1／2丁（150g）に含まれるカルシウム量は、木綿豆腐で180mg、絹ごし豆腐で64mg。
牛乳なら100ccで110mg
小松菜なら1束（100g）で170mg
ちりめんじゃこなら20gで104mg
これらのカルシウム含有量と比較すると、いかに多くのカルシウムが豆腐に含まれているかがわかります。

## 其の7 サポニン

大豆に含まれるサポニン。豆腐からも摂ることができます。サポニンは血中の脂質を溶かし、コレステロールを低下させる効果があるといわれていて、生活習慣病の改善効果を期待されている栄養成分です。

## 其の8 鉄分

意外に知られていないのが豆腐に含まれる鉄分。豆腐1／2丁（150g）に含まれる鉄分量は、木綿豆腐で1.4mg、絹ごし豆腐で1.2mg。
ほうれん草なら100gで2mg
鶏レバーなら小さいもの1切れ（20g）で1.8mg
プルーン（乾）3～4粒（30g）で0.3mg
の鉄分が摂れます。鉄分は吸収率がよくないので、少しずつでも毎日食べるのがおすすめ。そういう意味では豆腐は大切な鉄分補給源です。

# 5章

豆腐＋麺・ご飯
のレシピ

# 豆腐のドライカレー

豆腐入りのドライカレーを作るとき、ひき肉と豆腐を炒めたところに調味料を入れると、豆腐からどんどん水が出てくるため、よほどしっかり豆腐の水切りをしておかないと味が決まりません。そこで最初にひき肉だけに濃いめの味をつけ、最後にさっと豆腐と合わせるのが奥薗流。そうすればしっとりした豆腐のおいしさを壊さずに、簡単に味がぴたっと決まるんです。

## 使用する豆腐

木綿豆腐

## 材料（2〜3人分）

|  |  |  |
|---|---|---|
| A | 豚ひき肉 ……………………… | 200g |
|  | ケチャップ …………………… | 大さじ2 |
|  | ウスターソース …………… | 大さじ2 |
|  | 醤油 …………………………… | 大さじ1 |
|  | カレー粉 …………………… | 大さじ1 |
|  | 塩 …………………………… | 少々 |
|  | にんにく（すりおろし） ……… | 1かけ |
|  | しょうが（すりおろし） ……… | 1かけ |
| 木綿豆腐（手でくずす） ……… | | 1丁（300g） |
| ご飯 ………………………… | | 茶碗2杯分 |
| 水菜、トマト、きゅうりなど好みの野菜 | | |

## 豆腐の水切り

手でくずして5分ほどキッチンペーパーにのせておく。

## 作り方

1. フライパンにⒶを入れてよく混ぜ、木べらで混ぜながら火にかける。

2. ひき肉に火が通ったら、豆腐を入れ、豆腐が熱くなるまで炒める。

3. お皿にご飯を盛り、水菜をのせ、その上に②をたっぷりとかけたら、トマトやきゅうりなどを散らして、できあがり。

## Point

生のひき肉に全ての調味料を混ぜるのがコツ。ひき肉がふっくらやわらかく仕上がり、中までしっかり味が入ります。フライパンの中で調味料を混ぜると楽チンです。

# ひき肉のふんわり親子丼 ·················

豆腐の入った親子丼。鶏ひき肉と豆腐を組み合わせることで、ふんわりとした優しい食感になりました。鶏ひき肉が生の間に調味料を混ぜておくのがコツ。ぼそぼそせずにしっとりやわらかく仕上がります。食べるときに七味唐辛子や粉山椒を振ってもよく合います。

豆腐＋めん・ごはん

### 使用する豆腐

木綿・絹ごしどちらでも

### 材料（2〜3人分）

- Ⓐ
  - 鶏ひき肉 ················· 150g
  - 醤油 ····················· 大さじ3
  - みりん ··················· 大さじ3
  - しょうが（すりおろし） ··· 1かけ
  - 水 ······················· 100cc
- 玉ねぎ（薄切り） ············· 1/2個
- 豆腐 ······················ 1丁（300g）
- 卵 ·························· 2コ
- ご飯 ······················ 茶碗に2杯分
- 三つ葉（ざく切り） ·········· 1〜2束

### 豆腐の水切り

特になし

### 作り方

❶ Ⓐの水以外の材料を先にフライパンの中でよく混ぜてから水を入れ、木べらで混ぜながら火にかける。

❷ ひき肉に火が通ったら玉ねぎを入れ、ふたをして弱火で煮る。

❸ 玉ねぎがやわらかくなったら豆腐をくずしながら入れてさらに煮る。

❹ 卵を溶いて回し入れ、卵が好みのかたさに固まったらご飯にかけ、三つ葉を散らす。

# 豆腐のとろとろ丼 ...............................

夏の熱いとき、ご飯に冷やっこをのせ、混ぜながらガーっと食べるのっておいしいですよね。この料理はそれを温かくしたもの。くずした豆腐に片栗粉でとろみをつけて、ごはんにかけるだけの簡単さなのですが、食欲のないときでもするする食べられてしまうおいしさです。かつお節がだし代わりですので是非。しょうがで身体も温まります。

## 使用する豆腐

木綿・絹ごしどちらでも

## 豆腐の水切り

特になし

## 材料（2～3人分）

- Ⓐ
  - 豆腐 ……………… 1丁（300g）
  - 水 ………………… 100cc
  - 昆布 … 1cm×10cmのもの1枚
  - 塩 ………………… 小さじ1/2
  - 片栗粉 …………… 小さじ1
- 青ねぎ（小口切り） ……… たっぷり
- かつお節 ………………… 適宜
- おろししょうが ………… たっぷり
- ご飯 ……………… 茶碗2杯分
- Ⓑ
  - 醤油 ……………… 大さじ1
  - ごま油 …………… 大さじ1

## 作り方

❶ Ⓐの豆腐をフライパンに入れ、木べらでつぶしたら、残りの材料も入れて混ぜる（昆布はキッチンバサミで細く切る）。

❷ 木べらで混ぜながら火にかけ、とろみがついたら青ねぎを入れる。

❸ ご飯にたっぷりとかけ、かつお節とおろししょうがをのせる。

❹ 食べるときにⒷのたれをかける。

81

# 豆腐のリゾット

子供が病気になったとき、おかゆにくずした豆腐を入れるのが我が家の定番。卵を入れるより、消化がよくおなかに優しいのです。その豆腐かゆをヒントに、あるとき野菜ジュースでごはんと豆腐を煮てみたら、なんともおいしいリゾットができました。醤油を入れるのが味の決め手。粗びきこしょうがよく合います。

## 使用する豆腐

木綿・絹ごしどちらでも

## 豆腐の水切り

特になし

## 材料（2〜3人分）

A ┌ 野菜ジュース（有塩） … 200cc
　└ 水 ……………………… 100cc
豆腐（2cm角） ……… 1丁（300g）
ご飯 ………………… 茶碗1〜2杯
醤油 ……………………… 大さじ1
ピザ用チーズ、または粉チーズ …適宜
粗びきこしょう ……………好みで
パセリ（細かくちぎる） ……… 彩りに

※野菜ジュースは果肉の入っていないものを。

## 作り方

❶ 鍋にAを入れて火にかけ、沸騰したら豆腐を入れる。

❷ ご飯を入れ醤油で味を調える。

❸ ピザ用チーズを入れてさらに煮て、チーズが溶けたら全体を混ぜて器に盛る。

❹ 好みで粗びきこしょうとパセリを振ってできあがり。

# 豆腐のすいとん ……………………………

中途半端にほんのちょっと余った豆腐。軽くつぶして小麦粉と混ぜて練り、おつゆの中に入れるだけですいとんになるんです。生地のかたさはスプーンですくって落とせるくらいが目安。豆腐をそのまま味噌汁に入れるより、何だかごちそう感があり、ちょっとした朝ごはんや飲んだ後のシメにもいいと思いません？

## 使用する豆腐

木綿・絹ごしどちらでも

## 豆腐の水切り

特になし

## 材料（2〜3人分）

A ┌ 小麦粉 ……………… 1カップ
  │ 豆腐 …………… 1/2丁（150g）
  └ 塩 ……………………………… 少々

B ┌ 水 ………………………… 3カップ
  │ 昆布 … 1cm×10cmのもの1枚
  │ 醤油 ……………………… 大さじ1
  └ 塩 ………………………… 小さじ1/2

シメジ（小房に分ける）…… 1パック
かつお節 …………… 1パック（5g）
長ねぎ（小口切り）………… 1/2本

## 作り方

❶ Ⓐをよく混ぜる。

❷ 鍋にⒷを入れて火にかける（昆布はキッチンバサミで細く切る）。

❸ ❶の生地をスプーンですくいながら❷に入れ、シメジも入れる。

❹ すいとんに火が通ったらかつお節を加え、長ねぎを入れてできあがり。

# 豆腐そうめん ……………………………………

豆腐＋めん・ごはん

そうめんはおいしいけれど、栄養バランスが……
と常々思っていた私。あるときそうめんの上に豆
腐をのせて、混ぜて食べてみたらそうめんの白和

えみたいな味がして、子供たちにも大好評。以来、
野菜や薬味もたっぷりのせるスタイルになって、
我が家の定番料理になりました。

### 使用する豆腐
木綿・絹ごしどちらでも

### 豆腐の水切り
特になし

### 材料（２～３人分）
そうめん ……………………………… ４束
豆腐（手でくずす） …… １丁（300g）
しょうが（すりおろす） ……… １かけ
カイワレ（食べやすい長さ） １パック
みょうが（小口切り） …………… ３個
きゅうり（細切り） ……………… １本
青ねぎ（小口切り） …………… 適宜
そうめんつゆ（ストレート） …… 適宜

### 作 り 方

① そうめんは普通にゆでて、水にとって冷たくしめて、
器に盛る。

② そうめんの上に豆腐をくずしながらのせ、その上に
好みの薬味や野菜をたっぷりとのせる。

③ めんつゆを注ぎ入れて、できあがり。

※野菜はこれ以外にも、戻したわかめ、トマト、水菜、
レタスなどもよく合います。

# 6章

## 豆腐＋スープ
### のおかずレシピ

# ゆし豆腐 ··································

沖縄の定番豆腐料理です。沖縄で、はじめて食べたときは、麺類を食べるような大きな器に、にがりで固めたばかりのようなフルフルの豆腐がたっぷり入って出てきて、こんなにたくさんの豆腐食べら

れるかしらと思ったのですが、それがけっこうスルスルとお腹に入っていくんですね。シンプルだけど、豆腐好きにはたまらない一品です。

## 使用する豆腐

木綿・絹ごしどちらでも

## 豆腐の水切り

特になし

## 材料（２人分）

- 水 ···················· ２カップ
Ⓐ 昆布 ··· １cm×10cmのもの１枚
- 煮干 ······················ 10尾
豆腐（スプーンですくう）１丁（300g）
味噌 ····················· 大さじ２〜３
青ねぎ（小口切り）··········· たっぷり

## 作 り 方

① Ⓐを鍋に入れて火にかける（昆布はキッチンバサミで細く切り、煮干ははらわたをとって、２つくらいに裂く）。

② 沸騰したら弱火で５分ほど煮る。

③ 豆腐をスプーンですくいながら入れて煮る。

④ 豆腐が温まったら味噌を溶き入れ、青ねぎを入れる。

※煮干が気になるときは、豆腐を入れる前に、穴あきおたまで引き上げてください。

# 豆腐とキムチのスープ ·················

これだけでおなか一杯になるおかずスープです。煮干と豚肉の両方を使ってダブルスープにすると、ぐっと深みのある味になりますよ。煮干が気になるときは引き上げてもいいのですが、私はその まま具として食べてしまいます。白菜キムチは酸味があるもののほうが、全体のうま味を引き立ててくれます。もしキムチの酸味が足りないときは、お酢を少したらすのも手です。

| 使 用 す る 豆 腐 | 豆 腐 の 水 切 り |
|---|---|
| 木綿・絹ごしどちらでも | 特になし |

## 材 料 （2 人 分）

A ┌ 水 ························· 2カップ
　├ 昆布 … 1cm×10cmのもの1枚
　└ 煮干 ························· 10尾
B ┌ 豚薄切り（一口大）········ 100g
　└ 塩 ···················· 小さじ1/2
豆腐（食べやすい大きさ）1丁（300g）
ニラ（ざく切り）··················· 1束
白菜キムチ ····················· 100g
醤油··························適宜
韓国産粉唐辛子 ················ あれば

## 作 り 方

❶ Aを鍋に入れて火にかける（昆布はキッチンバサミで細く切り、煮干ははらわたを取って、2つくらいに裂く）。

❷ Bの豚肉は塩をもみこみ、❶が沸騰したところに入れる。

❸ 豚肉に火が通ったら、豆腐を入れて1〜2分煮る。

❹ 最後にニラと白菜キムチを入れ、醤油で味を調えてできあがり。あれば韓国産粉唐辛子を振る。

# 豆腐とオクラのスープ ···················

豆腐のスープって、ちょっととろみがついていると、豆腐にすが入りにくくなり、とろりとした食感に仕上がるんです。オクラの小口切りを入れてみ ると、片栗とは違う優しいとろみで、豆腐との相性もバッチリ。かつお節を入れることで、本格的なうま味たっぷりのスープが簡単にできます。

豆腐＋スープ

### 使用する豆腐

絹ごし豆腐

### 豆腐の水切り

特になし

### 材料（2人分）

Ⓐ
- 水 ···················· 2カップ
- 昆布 ··· 1cm×10cmのもの1枚
- 塩 ···················· 小さじ1/2
- 薄口醤油 ················ 大さじ1

絹ごし豆腐（2cm角）····· 1/2丁（150g）
オクラ（小口切り） ·············· 10本
かつお節 ················· 1袋（5g）

### 作り方

① 鍋にⒶを入れて火にかける（昆布はキッチンバサミで細く切る）。

② 豆腐とオクラを入れて煮る。

③ 豆腐が熱くなったら火を止めてかつお節を入れてできあがり。

# 冷や汁 ......................................................

宮崎の郷土料理冷や汁。本来は焼いた魚をすり鉢でペースト状にしたものをだしのベースにするのですが、もっと簡単に作るためにちりめんじゃこを使ってみました。水を入れるとき、ちょっと濃いめにしておくと、氷を入れたとき丁度いい濃さになります。ごはんにかけて食べるもよし、そうめんを入れるもよしです。食欲がないときにもおすすめです。

## 使用する豆腐

木綿・絹ごしどちらでも

## 豆腐の水切り

特になし

## 材料（2人分）

Ⓐ ┌ ちりめんじゃこ ……………30g
  └ 味噌 ………………………大さじ3
水 …………………………1カップ
豆腐（手でくずす）……1/2〜1丁
きゅうり（薄切り）……………1本
しそ（せん切り）…………10枚
トマト（ざく切り）……………1個
すりごま …………………大さじ3

## 作り方

① Ⓐのちりめんじゃこは包丁できざんで味噌と混ぜ、アルミホイルに塗ってグリルかオーブントースターで焼く。

② おいしそうな焦げ色がついたらボウルに取り出して水を入れて伸ばす。

③ 豆腐をくずしながら入れたら、きゅうりとしそとトマトにすりごまも加え、好みで氷を入れる。

# 酸辣湯
サンラータン ・・・・・・・・・・・・・・・・・・・・・・・・・・・・・・・・・・・・・・・・・・・・・・・・

辛くてすっぱい具だくさんスープです。干ししいたけは乾いたままポキポキ折って入れるだけで簡

単にうま味がアップ。辛いたれは、スープを器によそってから入れるのがコツです。

## 使用する豆腐

木綿・絹ごしどちらでも

## 豆腐の水切り

特になし

## 材料（2〜3人分）

- Ⓐ
  - 水 ・・・・・・・・・・・・・・・・・・・・・ 3カップ
  - 昆布 ・・・ 1cm×10cmのもの1枚
  - 干ししいたけ ・・・・・・・・・・・・・・・ 2枚
- Ⓑ
  - 豚薄切り（一口大）・・・・・・・・100g
  - 塩 ・・・・・・・・・・・・・・・・・・・・・・ 小さじ1
- たけのこ（水煮、薄切り）・・・・・・・100g
- 水溶き片栗粉 ・・・・・・・・・・・・・・・・・適宜
- 豆腐（手でくずす）・・・・・ 1丁（300g）
- 卵 ・・・・・・・・・・・・・・・・・・・・・・・・・・・ 1個
- 青ねぎ（小口切り）・・・・・・・・・・・・・・適宜
- Ⓒ
  - 醤油、酢 ・・・・・・・・・・ 各大さじ1
  - しょうが（すりおろし）・・・1かけ
  - ラー油 ・・・・・・・・・・・・・・・・・・ 好みで

## 作り方

① 鍋にⒶを入れて火にかける（昆布はキッチンバサミで細切り、干ししいたけは軸を取って、乾いたまま手で砕いて入れる）。

② Ⓑの豚肉は塩をもみこみ、①が沸騰したら入れる。

③ 豚肉に火が通ったら、たけのこを入れ、水溶き片栗粉でとろみをつける。

④ 豆腐を手でくずして入れ、豆腐が熱くなったら卵を溶いて入れる。

⑤ 器に入れ、青ねぎを散らしてⒸを混ぜたたれをかける。

# 7章

## 豆腐＋スイーツ
### のレシピ

# 豆腐のパンケーキ ·····················

牛乳の代わりに豆腐の水分を使って、パンケーキの生地を作りました。豆腐を入れることで、生地に粘り気が出るので、フライパンの中に同時に3つくらい小さめに流し入れても、たらたらと生地が流れず、形よく焼き上がります。焼くときは弱火でじっくりと。ふたをして蒸し焼きにすると中まで火が通りやすくなります。

## 使用する豆腐

絹ごし豆腐

## 豆腐の水切り

特になし

## 材料（約10枚分）

|  |  |  |
|---|---|---|
| ⒜ | 小麦粉 | 200g |
|  | 砂糖 | 大さじ2 |
|  | ベーキングパウダー | 小さじ2 |
| ⒝ | 絹ごし豆腐 | 1丁（300g） |
|  | 卵 | 2個 |
|  | 牛乳 | 100cc |
| バター |  | 適宜 |
| メープルシロップ、はちみつなど | | 適宜 |

## 作り方

❶ ボウルに⒜を入れてよく混ぜる。

❷ ❶の中央をくぼませて⒝の豆腐と卵を入れて泡だて器で混ぜ、牛乳を少しずつ加える。

❸ フライパンにバターを入れ、❷を適当な大きさに流し入れ、両面こんがりと焼く。

❹ 好みでメープルシロップやはちみつを添える。

豆腐＋スイーツ

# 豆腐のヨーグルトゼリー ·················

10年以上も前から作り続けている我が家の定番デザートです。ヨーグルトと豆腐を混ぜることで、さっぱりとしているのにとろりとした優しい食感になるのです。ジャムは水で伸ばすと、丁度いいかたさのソースになります。イチゴのほかブルーベリーやマーマレードでも。

### 使用する豆腐

絹ごし豆腐

### 材料（作りやすい分量）

Ⓐ[水 ······················ 大さじ3
　[粉ゼラチン ············· 大さじ1
絹ごし豆腐 ············· 1丁（300g）
ヨーグルト ···················· 500cc
はちみつまたは砂糖 ··············50g
Ⓑ[イチゴジャム ··········· 大さじ3
　[水 ······················ 大さじ1

※充填の絹ごし豆腐を使うと裏ごさなくても滑らかに仕上がります。
※充填豆腐は冷たい豆乳に凝固剤を加えて容器に入れ、加熱して固めた豆腐です。

### 豆腐の水切り

特になし

### 作り方

❶ Ⓐの水に粉ゼラチンを振り入れて軽く混ぜ、そのまま5分ほど置く。

❷ 豆腐はざるで裏ごし、ヨーグルトをよく混ぜたら、はちみつか砂糖を入れる。

❸ ❶を電子レンジに20秒ほどかけて煮溶かし、❷に入れて混ぜる。

❹ ❸を容器に入れて冷やし固める。

❺ スプーンですくって器に盛り、Ⓑを混ぜたソースをかける。

# 豆腐みたらし団子 ……………………………

豆腐の水分で白玉粉をこねるだけ。豆腐を入れることで、時間がたってもかたくなりません。お湯に入れた後、団子が浮かんできたらゆであがりの合図です。みたらし団子以外にお汁粉に入れるのもおいしいものです。

豆腐＋スイーツ

## 使用する豆腐

絹ごし豆腐

## 材料（作りやすい分量）

白玉粉 …………………………250 g
絹ごし豆腐 …………… 1丁（300 g）
Ⓐ ┌ 砂糖 …………………… 大さじ6
　├ 醤油 …………………… 大さじ2
　├ 水 ……………………… 大さじ6
　└ 片栗粉 ……………… 小さじ2

## 豆腐の水切り

特になし

## 作り方

❶ 白玉粉に豆腐を入れてよくこねる。

❷ 食べやすい大きさにまるめる。

❸ 鍋にたっぷりの湯を沸かし❷をゆで、ゆで上がったらざるにあげる。

❹ 別鍋にⒶを入れてよく混ぜ、木べらで混ぜながら火にかけ、とろみがついたら❸を入れて全体にからめたらできあがり。

# 豆腐ドーナツ

豆腐を混ぜた生地を油で揚げると、豆腐ドーナツも簡単にできます。弱火で、じっくり時間をかけて揚げると、ふっくらしっとりと仕上がります。シナモンシュガーは、揚げたてのあつあつのところにまぶすのがコツ。冷めてからではグラニュー糖がうまくくっつかないのです。

## 使用する豆腐

絹ごし豆腐

## 材料（作りやすい分量）

A ┌ 小麦粉 ……………………200ｇ
  │ ベーキングパウダー … 大さじ1
  └ 砂糖 …………………… 大さじ4
卵 ……………………………… 1個
絹ごし豆腐 ………… 1/2丁(150g)
牛乳 …………………………… 50cc
グラニュー糖、シナモン ………… 適宜

## 豆腐の水切り

特になし

## 作り方

❶ Ⓐをボウルに入れてよく混ぜたら、中央をくぼませて卵と豆腐を入れ、泡だて器で混ぜる。

❷ 牛乳も加えて混ぜる。

❸ 170度くらいに油を熱し、❷の生地をスプーンで落としながら揚げる。

❹ 揚げたてに、グラニュー糖とシナモンをまぶす。

**著者プロフィール**

**奥薗壽子** Toshiko Okuzono

家庭料理研究家。京都出身。繰り返し食べても飽きのこない家庭料理に魅せられ、「料理は楽しくシンプルに」をモットーに、いらない手間を省いた、だれでも簡単に作れておいしい"ラクうま"料理を提唱している。ズボラをキャッチフレーズにしつつも、出汁をきちんと取り、食材をむだなく有効に使い、ゴミを出さない料理家としても人気。テレビ番組では簡単で質の高い健康レシピを披露し医学関係者から高い評価を受け、家庭料理が健康を支えることの大切さを発信し続けている。著書多数。

| | |
|---|---|
| 写　　　真 | 安田裕・山田敦士 |
| 装丁・デザイン | CYCLE DESIGN・ISSHIKI（齋藤友貴） |
| スタイリング | 久保田加奈子・高田泉 |
| 編　　　集 | 伊藤隆弘 |

奥薗壽子の毎日食べたい
# ラクうま豆腐レシピ62

2021 年 6 月 25 日　初版第 1 刷発行

| | |
|---|---|
| 著　者 | 奥薗壽子 |
| 発行者 | 廣瀬和二 |
| 発行所 | 株式会社 日東書院本社 |
| | 〒 160-0022 東京都新宿区新宿 2 丁目 15 番 14 号　辰巳ビル |
| | TEL 03-5360-7522( 代表 ) |
| | FAX 03-5360-8951( 販売部 ) |
| | 振替 00180-0-705733 |
| | URL http://www.TG-NET.co.jp/ |
| 印刷・製本 | 図書印刷株式会社 |

本書は、2011 年 6 月に発行された「奥薗壽子のやっぱり、豆腐！」に新規レシピを加え再編集したものです。